Herderbücherei

Band 1108

W0188981

Über das Buch

Natürlich sind wir ganz moderne Menschen: Wir haben eine Tiefkühltruhe und fahren das soundsovielte Auto, wenn wir es bei unseren Touren in aller Herren Länder nicht vorziehen zu fliegen. Wir reisen auch oft in einer Gruppe, wo uns alles und jedes fix und fertig serviert wird – zu Vorzugspreisen. Wenn wir Glück haben, besitzen wir ein Extra-Haus für die Ferien und – wenn wir etwas weniger Glück haben – mieten wir uns eines in Strand- oder Bergnähe. Sportlich, wie wir sind, bewegen wir uns bei Ski und Après-Ski auf der Piste, gehen zum Schwimmen und sorgen nach besten Kräften für eine gute Figur. Und selbstverständlich sind wir auch kulturell interessiert.

Schade nur, daß die Tiefkühltruhe bisweilen streikt und die Reklamation verpufft, daß das Auto alarmierende Töne von sich gibt und die Beifahrer an den Nerven zerren, daß man in den feinen Hotels in aller Herren Länder das Frühstück in kleinen Blechcontainern serviert bekommt und sich die Reisegesellschaft nicht aussuchen kann! Außerdem graust man sich vor dem Fliegen, und der Kampf um die gute Figur ist reich an Niederlagen. Es ist also nicht immer leicht, nicht von gestern zu sein, und Probleme mit den Leuten, die von gestern sind, gibt es natürlich auch.

Aber weil wir so modern sind, haben wir auch eine große Vorliebe für das Altmodische und finden es kreativ, wieder wie Großmutter die eigene Marmelade zu kochen. Wir gehen eben mit der Zeit.

Heilwig von der Mehden

Wir sind doch nicht von gestern

Von den Freuden und Tücken des modernen Lebens

Herderbücherei

Originalausgabe
erstmals veröffentlicht als Herder-Taschenbuch

Umschlag-Graphik: Barbara Wieck-Kapferer

Inhalt

„Hier eindrücken und hochreißen"

Einmal möchte ich einen Menschen kennenlernen, der die geradezu sagenhafte Kraft in seinem Daumen oder Zeigefinger besitzt, die man benötigt, wenn man der Aufforderung auf Packungen „Hier eindrücken" erfolgreich Folge leisten will. Man drückt mit aller Kraft, bis sich die Packung total verbiegt – sicher liegt das auch an der Hinterlist, daß das Behältnis gewöhnlich im oberen Viertel leer ist –, aber es gelingt einem kein Einbruch in den Inhalt. Dagegen brechen die Fingernägel, wenn man nicht rechtzeitig zu Schere, Messer oder sonst etwas Scharfem und Spitzem greift. Hat man die Öffnung geschafft, braucht man nur noch der zweiten Aufforderung „Hochreißen!" nachzukommen. Das gelingt leider auch nur selten, da das, was man hochreißen soll, meist bereits zerstört ist oder abreißt. Man kann von Glück sagen, wenn man etwa das Pulver rechtzeitig in die Waschmaschine bekommt, ehe dort das Programm zu weit fortgeschritten ist. Ähnliches gilt für dringend benötigtes Mehl aus der Tüte. Mehltüten rasch zu öffnen, ohne ihren Inhalt im Gelände zu verbreiten und gleichzeitig eine problemlose Öffnungsmöglichkeit für den ferneren Gebrauch zu schaffen, ist schier unmöglich. Man tut also gut daran, ans Werk zu gehen, ehe das Fett für die Mehlschwitze oder für den Pfannkuchenteig heiß wird, sonst hat man über einige Zeit hinweg eine Mehltüte, der dauernd unkontrolliert Mehl entweicht, was nur noch durch die Unannehmlichkeiten einer gleichfalls eilig geöffneten Zuckertüte übertroffen wird, weil es sehr viel ungemütlicher ist, auf verstreuten Zucker zu treten als auf Mehl. Diesem allen glaubt man natürlich durch im Küchenschrank eingebaute Schubladen oder auch hübsche Gefäße vorzubeugen, aber, ach, nur selten fassen diese den Gesamtinhalt einer Tüte. Der Rest bleibt dort – wie gehabt – erhalten.

Ganz anders, aber darum nicht weniger belastend, stellen sich die Probleme mit Fischbüchsen dar: die sind so zuverlässig verschlossen wie ein Banksafe. Manchmal gibt es eine Lasche mit einem eigens gelieferten Schlüssel zum Aufdrehen, aber entweder reißt die Lasche ab oder es dreht sich bei nicht ganz geradem Drehen alles fest, was nie mehr zu korrigieren ist, weil es kein Zurück gibt. Und jeder gewöhnliche Büchsenöffner hat eine instinktive Abneigung gegen die handelsüblichen Fischbüchsen. Er verirrt sich in den Rand der Dose, so daß man in fast jedem Fall gezwungen ist, die Fischlein in Trümmern aus einer unzulänglichen Öffnung herauszuoperieren. Dabei wirkt es erschwerend, daß es überhaupt nicht schwierig ist, der Dose Öl, Tomatensoße und Sahnesenf zu entlocken: Man braucht sie bloß nicht genau waagerecht zu halten, schon ergießt sich alles Flüssige über Hände, Tischdecke, Hosen und Kleider. Dagegen sind vakuumverpackte Nüsse und Mandeln eine saubere Sache, aber auch vor ihnen sei gewarnt! Zunächst einmal erlebt man stets eine bittere Enttäuschung, wenn man in der schönen stattlichen Außenpackung, die auch problemlos zu öffnen ist, einen Innenbeutel antrifft, der schon durch seine Bescheidenheit klarmacht, daß die entzogene Luft reichlich mitgeliefert wird. Und wenn man dann gerade kein geeignetes Instrument zur Hand hat, scheitert man an der weiteren Öffnung. Das ist um so unangenehmer, wenn man Nüsse oder Mandeln gewissermaßen als „Durchhaltehappen" für Eisenbahn, Theater oder Stadion erstanden hat. Da hilft nur eine Begleitung mit scharfem Raubtiergebiß!

Zu kämpfen hat der Laie auch mit jenen Sektkorken, die heutzutage keine Korken mehr sind, oder mit Weinkorken, die zwar welche sind, aber durch irgend etwas gelitten haben, so daß sie entweder den Korkenzieher mühelos aus- und einpassieren lassen oder sich in ihre Bestandteile auflösen und im Inneren der Flasche zu verschwinden drohen, was für den Kenner ewige Verdammnis des Inhalts bedeutet. Dieser Kenner leidet wahre Qualen, wenn er sieht, wie ungeschickte oder ungeübte Hände mit einer edlen Flasche herumhantieren und wie seine durch jahrelanges hartes Training erworbene Erfahrung und Übung zurückgewiesen wird. Ihm wäre der Kork bestimmt nicht gebrochen, und er hätte die Sektflasche nicht so unachtsam herumgeschwenkt, daß schließlich der Kork mit lautem Knall einen Mitgast angeschossen hätte!

Dann gibt es natürlich noch die Schraubverschlüsse, die fast problemlos wären, wenn sie nicht von Zeit zu Zeit verkanteten und wenn es nicht jene Leute mit den Bärenkräften gäbe, die etwa Benzintank, Marmeladenglas und Unkrautspritze für die Ewigkeit zuschrauben.

Heftpflaster und Löschpapier
auf französisch?

Manches weiß man haargenau und ist dennoch überrascht: so stutzt man zunächst einmal, wenn in Frankreich etwa Fünfjährige den Mund auftun und jenes feine Französisch sprechen, um das wir uns vergeblich bemühen – und überdies tun sie es ganz schnell und elegant. Na ja, schließlich ist das kein Kunststück, wenn man Franzose ist, aber es genügt, um einem das eigene Radebrechen noch deutlicher zu machen. Zumal, wenn so ein kleines Geschöpf einen mit milder Verachtung von unten herauf betrachtet. Dabei fand man sich daheim eigentlich ganz gut in dieser Sprache; aber in der rauhen Wirklichkeit des Auslands muß man leider feststellen, daß die Sache irgendwie anders läuft. Man hat offensichtlich nicht die richtigen Vokabeln gelernt, oder sie fallen einem nicht ein, die Leute sprechen nicht wie im Lehrbuch, auch in ihrer Aussprache halten sie sich nicht an die Regeln, und außerdem reden sie viel zu schnell. Noch mehr aber irritiert es einen, wenn sie das, was wir sprechen, auf den ersten Anhieb nicht einmal als Französisch oder Spanisch oder Arabisch (letzteres nach den Regeln des Reiseführers gesprochen) erkennen können.

Die schlichtesten Unterhaltungen beinhalten Fragen nach dem Weg. Ich erinnere mich an eine Irrfahrt kreuz und quer durch Neapel, die von mir nur mit der

Vokabel „Aeroporto" bestritten wurde und von den mannigfachen Gesprächspartnern mit großem Wortschwall, aus dem immer wieder die Begriffe „a destra" (rechts), „a sinistra" (links) und „sempre diretto" (immer geradeaus) auftauchten. In ganz fernen Landen kann es einem aber auch passieren, daß man die Sache irgendwie falsch ausspricht, weil das richtige Röcheln nicht im Buch stand und auch der Hinweis, daß man mit der Stimme hoch und tief gehen muß, fehlte. Und dann steht man da wie das grüne Männlein auf der Witzseite, das die Kuh auf der Weide abwechselnd mit „Do you speak English?", „Sprechen Sie Deutsch?" und so weiter anredet. Es ist gut, daß in vielen Ländern die Menschen in solchen Fällen von Mitleid ergriffen werden, wie jene netten Leute in Japan, die uns einmal kurzerhand bei der Polizei abgaben.

Die nächsthöhere Unterhaltung wird bei Handel und Marktforschung geführt. Auch hier muß man feststellen, daß einem selbst in Sprachen, die man gelernt hat, ganz wichtige Vokabeln fehlen. Oder wissen Sie auf Anhieb, was Absatz, Seidentuch, Heftpflaster und Löschpapier auf ausländisch heißt? Die Sache vereinfacht sich, wenn man auf das Gewünschte deuten kann, sonst muß man sich unter Umständen auf seine darstellerischen Fähigkeiten besinnen. Ein Freund beispielsweise, der in Griechenland Honig vom Berge Hymettos erstehen wollte, zeigte eine reife Leistung als herumschwirrende und stechende Biene. Leider aber wurde er daraufhin mit Insektenpulver bedient. Wenn man auch fast in jeder Sprache die Frage nach dem Preis schnell heraus hat, tut man sich doch schwer mit den Zahlen, weswegen gutmütige Handelsleute dazu übergegangen sind, den Preis auf einen Zettel zu schreiben.

Aber die Krönung ist natürlich in jeder Fremdsprache eine richtige Unterhaltung über dies und jenes, unter Umständen sogar auch etwas Gebildetes. Vielleicht legt man sich – gewissermaßen, um in Gang zu kommen – ein paar schöne Sätze zurecht und wartet auf den Moment, wo man sie ganz zufällig anbringen kann, vielleicht stürzt man sich auch todesmutig in eine Diskussion über Sachverhalte, die schon auf deutsch nicht ganz einfach wären. Und es gibt das scheußliche Gefühl, daß man zwar zu diesem oder jenem Thema eine Menge zu sagen hätte, sich aber in der fremden Sprache nicht darauf einlassen kann. Angesichts solcher Resignation kommt man sich beschränkt vor und wird von dem dumpfen Gefühl geplagt, daß auch die Gesprächspartner einen für beschränkt halten.

Ist man übrigens nicht perfekt in einer Sprache, so setzt nach einiger Zeit eine totale Erschöpfung im Zuhören ein: Das Gespräch plätschert gewissermaßen an den Ohren vorbei, und man hat nicht mehr nur Schwierigkeiten beim Verstehen der Dame etwa aus den Südstaaten, sondern ganz allgemein. Man beschränkt seine Aufmerksamkeit schließlich nur noch darauf, an den richtigen Stellen mitzulachen, so daß der hochstaplerische Eindruck entsteht, man bekäme alle Pointen mit.

Natürlich ist man nicht immer gleich schlecht. Jeder hat eine kostbare Erinnerung an gewisse Sternstunden.

Wo finde ich die Malediven?

Für die Wahrheit folgender Geschichte kann ich mich verbürgen: Ort der Handlung ein Kölner Auto, das in südlicher Richtung fährt. Im Fond zwei fröhliche weibliche Teenager. Angesichts eines Straßenschildes meint der eine überrascht: „Nur zwanzig Kilometer nach Bremen. Ich hab' gedacht, das wäre noch weiter!?" Der andere, aus Norddeutschland stammend: „Dann habe ich es ja gar nicht mehr weit bis nach Hause!" Nun beruhte zwar alles auf einem durch Dämmerung und Schneetreiben erklärbaren Lesefehler – auf besagtem Schild stand nicht „Bremen", sondern „Brenner" –, aber keine der beiden jungen Damen kam auf die Idee, daß Bremen hier, südlich von München und dazu noch in den Bergen, auf keinen Fall liegen könnte. Auf die Frage, was die beiden denn so in Erdkunde betrieben, kam die Antwort, sie beschäftigten sich zur Zeit mit den sozialen Verhältnissen in Bolivien, und auf die weitere Frage, wo genau denn eigentlich Bolivien läge, wurde einem streng bedeutet, man möge doch nicht vergessen, daß zur Zeit Ferien wären. Leider muß gesagt werden, daß auch der Frager darüber ganz froh war, denn wenn er auch Bolivien sehr vage orten konnte, so war er doch auf eine genaue Festlegung auch nicht versessen. Übrigens kann man sich mit dem Gedanken trösten, daß mit dem Erwerb des Führerscheins meist auch eine große Bereicherung der geographischen Kenntnisse der Jugendlichen verbunden ist: einmal selbst gesteuert oder als Beifahrer nach Spanien und zurück – dann merkt man schon, wo Bremen nicht liegt.

In Europa kennen wir, die wir den Führerschein schon einige Zeit haben, uns inzwischen recht gut aus. Wir wissen, daß Salzburg und Innsbruck nicht so nahe beieinander liegen, wie man einmal gedacht hat, daß Paris keinesfalls mitten in Frankreich liegt, daß die Borromäischen Inseln, die man im Mittelmeer vermutet hatte, im Lago Maggiore schwimmen und daß das vielbesungene Sa-hanta Lucia eigentlich ein Stück Neapel ist. So weit, so gut. Aber inzwischen gibt es ganz andere Reiseziele, die so weit weg sind oder so abgelegen, daß man sie nur noch mit dem Flugzeug erreichen kann. Man muß sich also den Weg dorthin gar nicht mehr merken. Und so fällt es manchmal selbst den Leuten, die dort waren, schwer, auf Anhieb ihren Ferienort auf der Karte zu finden. Für die, die nicht dort waren, sind die Malediven etwa der Ort, wo der Chef alljährlich zu schnorcheln pflegt, die Galapagos sind durch die Nachbarn bekannt, die einen so aufregenden Film darüber im Fernsehen gesehen haben, und von den Azoren kommt bekanntlich das Hoch, das immer das schöne Wetter bringen würde, wenn es wirklich käme. Aber wo zum Kuckuck, befinden sich eigentlich alle diese Inseln ganz genau? Haben Sie etwa gewußt, daß die Bermudas viel, viel nördlicher liegen als die Bahamas, daß die Seychellen im Indischen Ozean schwimmen und daß das kürzlich in Mode gekommene Tonga aus den Freundschaftsinseln besteht, die man mitten im Pazifik mehrere tausend Kilometer südlich von Hawaii aufstöbert? (Ich weiß es, denn ich habe hier einen Atlas vor mir liegen!) Irgendwie ist es richtig verwirrend, daß alle diese Inseln über die ganze Welt verstreut sind, sehen sie doch auf den Reiseprospekten und Ansichtskarten zum Verwechseln ähnlich aus: Palmen, ein schneeweißer Strand, der sich endlos dehnt, ein Meer von unwahrscheinlicher Bläue und ein wunderschönes Mädchen mit oder ohne Begleitung eines gleichfalls wunderschönen jungen Mannes. Nur Hawaii (wegen der Vulkane im Hintergrund) und die Galapagos-Inseln (wegen der kleinen Drachen im Vordergrund und der fehlenden Palmen) muß man ausnehmen, aber sonst ist eben sehr leicht zu verwechseln, ob das herrliche Hotel, von dem unsere Freunde immer so schwärmen, eigentlich in der Südsee oder in der Karibik oder südlich von Indien steht, wo, wie eben jedermann nicht weiß, die Malediven liegen.

Übrigens kann man sich auch in den Entfernungen sehr verschätzen. Das fängt für Norddeutsche schon damit an, daß sie München und Zürich nah beieinander vermuten und sich so recht nie klarmachen, wie endlos lang Italien ist. Auch glauben hierzulande viele, daß sich die Straßen von San Francisco nicht allzuweit von Manhattan erstrecken.

Aber auch anderswo sind die Geographiekenntnisse nicht überwältigend, wie der Bankbeamte in Südfrankreich bewies, der sich neulich erkundigte, ob Bonn in der DDR läge.

Bitte hinten anschließen!

Seitdem mir vor vielen, vielen Jahren mein Vater die Geschichte vorgelesen hat, wie sich die böse Kobraschlange mit ihrem Schlangenmann verabredete, durch das Abflußrohr der Badewanne ins Haus zu kriechen, um den dort wohnenden Menschen den Garaus zu machen, hatte ich eine ausgesprochene Abneigung gegen Badewannenabflüsse und Schlangen. Mit den Badewasserabflußlöchern hat sich das gegeben – Schlangen aber kann ich immer noch nicht leiden. Nun habe ich allerdings bisher so gut wie nie etwas mit richtigen Schlangen zu tun gehabt, wenn man von der Blindschleiche absieht, die mein Sohn in der Hosentasche mit sich führte und die genaugenommen auch keine richtige Schlange war. So hat sich meine ganze Schlangen-Abneigung auf jene Exemplare übertragen, die sich bilden, wenn mehrere Leute auf etwas warten: Man tritt an ihren Schwanz und wartet mit. Manchmal tut man es allerdings bei ihrem Anblick auch nicht. Vor allem Männer können darauf bestehen, daß es mit ihrer Würde nicht zu vereinbaren ist, sich anzustellen. So kommen sie mit ungebrochenem Stolz um den Genuß etwa einer Kino-Vorstellung, den sie sich ohnehin nur halbherzig gewünscht haben.

Andere Schlangen lassen sich nicht vermeiden: Man fährt mit gefülltem Einkaufswagen an die Kasse des

Supermarktes und muß schon lange vor dem Ziel feststellen, daß man nicht dort hingelangen kann, weil der Schwanz einer stattlichen Schlange Halt gebietet. Notgedrungen reiht man sich ein und hat nun längere Zeit Gelegenheit, einen inneren Kampf auszufechten, ob man noch etwas vom gerade hier aufgebauten Sonderangebot von Süßigkeiten und Zigaretten einladen soll oder ob man es lieber bleibenläßt. Auch der Aufbau von niedlichen kleinen Schnapsfläschchen hat sicher schon manch labile Natur in Gefahr gebracht.

Es ist eine wissenschaftlich nachzuweisende, wenn auch nicht zu begründende Tatsache, daß das Tempo des Vorwärtskriechens stets im umgekehrten Verhältnis zur Eile steht, die man gerade hat. Ist man ganz besonders spät dran, kann man fast sicher sein, daß die Kasse klemmt, daß ein neues Papierband eingelegt werden muß, daß der Preis für eine sonderangebotene Ente verlorengegangen ist und trotz lauter und gereizter Rufe kein Mensch so recht Lust verspürt, danach zu forschen, oder daß jemand nicht nur mit offenbar schwer zu berechnenden Gutscheinen einkauft, sondern auch noch in einem freundschaftlichen Plauderverhältnis zur Kassiererin steht.

Da geht es auf den Bahnhöfen meist schneller zu, aber dort hat man es oft auch noch eiliger. An größeren Bahnhöfen hat man die Auswahl mehrerer Schlangenschwänze. Die Qual der Wahl kann man sich ersparen, denn was man auch immer wählt – das hat mich das Leben gelehrt –, man wählt das Falsche. Vor einem kommen Leute an die Reihe, die an irgendeinen Ort wollen, wohin offensichtlich seit Erfindung der Eisenbahn noch nie eine Fahrkarte ausgestellt worden ist, und dann wollen sie diesen Ort auch nicht über Hannover, sondern über Kassel – und mit welchem Bahnbus, bitte? – erreichen. Der harmlos aussehende Vordermann entpuppt sich als jemand, der einen Sammelfahrschein zum Sondertarif erstehen will, und wenn man denkt, man ist endlich dran, wird die Schalterbeamtin zu einem dringenden Gespräch mit dem Bundesbahnpräsidenten oder einer ähnlich wichtigen Person ans Telefon gerufen. Mit wachsender Erbitterung sehen wir sie dann im Hintergrund telefonisch plaudern und lachen. Natürlich ist die viel längere Parallelschlange inzwischen längst aufgerückt. Sollte man aber die Unvorsichtigkeit besitzen zu wechseln, kann man sicher sein, daß nun dort eine Stockung eintritt. Erfahrene Reisende, vorausgesetzt, sie reisen nicht allein, stellen sich deshalb auf jeden Fall doppelt an. Ein hübsches, ausbaufähiges Wettspiel.

Jede Schlange von einiger Länge beginnt übrigens, sich selbst zu bewachen. Das wäre ja noch schöner, wenn einer an ihr vorbei geradewegs ans Ziel marschieren könnte! Und da ohnehin alle Einzelglieder in der Regel in leicht gereizter Stimmung sind, richtet sich unter Umständen der Volkszorn gegen einen Menschen, der vorbestellte Karten abholen oder gar zurückgeben will. Manchmal allerdings handelt es sich auch um echte unverschämte Flegel, die sich einfach vordrängeln! Und wenn sie damit auch noch zum Ziel kommen – schließlich kann man sie ja nicht erschlagen –, ist die gerechte Empörung riesengroß.

Bisher war nur von stehenden Schlangen die Rede. Es gibt auch noch die viel längeren fahrenden. Darüber später.

Von Schlangen,
die auf Straßen kriechen

Die bekannte schwarze Katze, die über den Weg läuft und Unheil verkündet, nimmt im Fernverkehr die Gestalt eines kreisenden Hubschraubers an. Sein Erscheinen löst sicher bei einem der Autoinsassen ein triumphierendes „Ich hab's ja gleich gesagt!" aus. Denn wenn es auch zeitraubend ist, in einen Stau zu geraten, so ist es doch immer schön, recht zu behalten. Hätten nur die leichtsinnigen Mitfahrer dem Vorschlag zugestimmt, um drei Uhr nachts loszufahren, so wäre man schon ein ganzes Stück weiter und der Hubschrauber zöge seine bedrohlichen Kreise weiter hinter uns. Nach seinem Erscheinen kann man jeden ungehindert zurückgelegten Kilometer als Reingewinn betrachten; aber meist dauert es gar nicht lange, bis die Autostraße voller und voller wird und „starkes Verkehrsaufkommen" sich zu einer unverkennbaren Schlange oder sogar zu zwei parallel kriechenden Schlangen auswächst. Diese Reptilien kriechen überwiegend in südlicher Richtung dahin zu Schnee und Sonne, und wenn die Leute, die erfolgreich dagegen protestiert hatten, um drei loszufahren, Glück haben, hören sie im Autoradio, daß dort, wo sie wären, wenn ... auch gerade gekrochen wird. Argumentationen über dies „wenn" können eine gewisse Kriechzeit verkürzen, die Stimmung aber nicht heben.

Man schleicht also langsam dahin, die Kilometer dehnen sich endlos, voller Spannung wartet man auf jene Punkte, die einem einen gewissen Ausblick gestatten. Denn nichts ist deprimierender als ein weiter Panoramablick, der einem noch in blauer Ferne am Horizont eben die gleiche Schlange – doch beileibe noch nicht ihren Kopf – zeigt. Blickt man hingegen in die Nähe, gewinnt man Einblicke in das Leben einer Familie mit Kindern und Oma auf den Hintersitzen, wo sich offensichtlich ein zäher Kampf um eine Limonadenflasche mit Strohhalm abspielt, den die Oma nicht zu schlichten vermag. Mehrere leere Flaschen gleicher Art kullern vor dem Heckfenster, und unsere daraus resultierenden Besorgnisse werden glänzend gerechtfertigt, als ein veritables Töpfchen zum Fenster hinaus geleert wird! Da man aber immer unter dem Eindruck steht, daß die Parallelschlange es schneller schafft, wechselt man hinüber und bekommt unter Umständen weniger interessante Vorderautos. Wie im Stummfilm sieht man die Menschen in den Autos zuweilen miteinander reden, und an Mienenspiel und Handbewegungen ist oft abzulesen, daß sie sich nicht gerade ihrer immerwährenden Liebe und Zuneigung versichern, obwohl auch das vorkommt. Übrigens muß man in den allermeisten Fällen die Erfahrung machen, daß nach gewissen Anfangserfolgen nach dem Spurwechsel alle wieder an einem vorbeiziehen, die man auf der anderen Fahrbahn glaubte, hinter sich gelassen zu haben: das Auto mit den Surfbrettern, der Lastwagen mit den höchst appetitanregenden Speiseeisdarstellungen, die Skifahrer, die Ente mit den verschiedenfarbenen Türen und das Supertraumauto, von dem man nicht ohne Schadenfreude feststellt, daß ihm hier seine vielen PS auch nichts nützen. Auch die Limonadenkinder überholen uns und strecken triumphierend die Zungen heraus. Nebenbeibemerkt sind sie sehr verblüfft, als wir etwa eine Viertelstunde später bei gleicher Gelegenheit das gleiche tun. Überhaupt spinnen sich zwischen beiden Schlangen zwischenmenschliche Beziehungen mancherlei Art an – man muß nur lange genug kriechen! Das reicht von einem Flirt von Auto zu Auto über feindliche Beziehungen zu einem rüden Menschen, der einfach auf der Standspur dahergebraust kommt und nun glaubt, sich rücksichtslos in die Schlange drängeln zu können, bis zur verschworenen Gemeinschaft derjenigen, die ihn nicht hineinlassen wollen.

Kommt die Schlange endgültig zum Stehen, dauert es immer eine Weile, bis sich zunächst die Schiebedächer öffnen und obenhinaus Ausblicke in die nächste Zukunft getan werden. Bis dann ein mehr oder weniger allgemeines Aussteigen beginnt. Pessimistische, aber nervenstarke Naturen rüsten auf ein Picknick im Freien und erfreuen die weniger Gelassenen, wenn sie plötzlich Hals über Kopf alles wieder einpacken müssen, weil das Reptil sich in Bewegung setzt. Aber ein wenig die Beine vertreten und die Chancen für die Weiterreise mit den anderen Reisenden diskutieren – das tut fast jeder.

Die schönsten Schlangen sind natürlich die, die entgegengesetzt der eigenen Fahrtrichtung kriechen. Man weiß exakt über ihre Länge Bescheid und denkt mit dem heiteren Gefühl des nicht Betroffenen angesichts der zuletzt anfahrenden Autoreisenden: Wenn die wüßten, was ihnen bevorsteht!

Der beste Beifahrer hat keinen Führerschein!

Wenn man sich die Sache so recht überlegt, sind die besten Beifahrer die, die möglichst wenig vom Autofahren verstehen. Sie dürfen allerdings auch nicht so völlig ahnungslos sein, wie meine liebe alte Tante, die eine Zeitlang energisch darauf bestand, daß ich ein bestimmtes Einbahnschild auf dem Wege zu ihrer Tochter mißachten sollte, weil „es doch keinem schadet … weil Platz genug ist … weil gerade keiner kommt … und weil doch schließlich keiner von einem verlangen kann, daß man immer denselben Umweg fahren soll". Sie sollten auch nicht so naiv sein wie die beiden kleinen Jungen, die fanden, ich führe nicht halb so gut wie ihr großer Bruder, bei dem es immer ganz toll in den Kurven quietschte und ganz laut heulte, wenn er losführe. Am besten sind die Beifahrer, die sich normalerweise so wenig um den Fahrer des Autos wie um den Lokomotivführer in der Eisenbahn kümmern – sofern es sich um die Fahrtechnik handelt, die aber doch genug Respekt vorm Autofahren haben, um keine fundierte Stellungnahme über den letzten Scheidungsfall oder die Einrichtung von Grünewalds neuem Haus von einem zu verlangen, wenn man gerade mit Samtpfoten einen vereisten Berg hinunterschleicht oder auf den Moment lauert, wo man auf einer kurvenreichen Landstraße an einem Lastwagen mit Anhänger vorbeikommen kann. Ansonsten ist die Unterhaltung mit dem Wagenführer nicht verboten. Beifahrer haben sogar eine Art Unterhaltungspflicht, einem aufs angenehmste, aber nicht aufregendste die Fahrzeit zu verkürzen. Nichts kann so verbittern wie ein Beifahrer, der, statt munter zu plaudern, liest oder schnarcht; es sei denn, man wechselt sich mit dem Fahren ab, so daß jeder einmal das Recht hat, sich seiner wohlverdienten Ruhe hinzugeben. Handelt es sich nicht um einen sehr netten Menschen, kann es einen unter Umständen auch verbittern, wenn der Betreffende nicht imstande ist, auf der Karte festzustellen, wo man sich gerade befindet, wie weit es etwa noch bis zur Abzweigung nach Neuenfels ist und ob man auch den richtigen Weg zu fassen hat, wenn „Genova" angezeigt ist und man aber als Endziel Como hat. Der perfekte Beifahrer kann das. Er wickelt auch Bonbons aus, teilt Obst in handliche Stücke, sammelt Abfälle in Tüten, die er nicht zu leeren vergißt, liest aus der Zeitung vor, sorgt für passende Radioprogramme, ohne dauernd an den Knöpfen herumzudrehen, merkt sich die Entfernung zur nächsten Tankstelle, streitet nicht über den besten Weg (vor allem erwähnt er nicht die Tatsache, daß er im Recht war, wenn sich dies später herausstellen sollte) und, was das Allerwichtigste ist: Er läßt den Fahrer ganz so fahren, wie der möchte. Deshalb ist es ja auch so nützlich, wenn er wenig vom Autofahren versteht, denn Kritik an seiner Fahrweise – sei sie noch so berechtigt – bringt nahezu jeden Autofahrer in Rage. Schon manches Auto blieb benzinlos stehen, weil der Beifahrer allzu energisch zum Tanken drängte, manch kühnes Manöver wurde ausgeführt, weil der Beifahrer davor warnte, und mancher Kilometer wurde im falschen Gang zurückgelegt, weil der Beifahrer dauernd an das

Umschalten erinnerte. Sachkundige Bemerkungen wie „So wird der Motor zu stark strapaziert!" helfen dem Motor im allgemeinen wenig, und auch Hinweise darauf, daß man eben an einem Schild vorbeifuhr, das nicht mehr als 60 km in der Stunde erlaubt, bringen wenig Dankbarkeit ein, ganz zu schweigen von tiefem und schmerzlichem Stöhnen, wenn der Fahrer – was jedem einmal passieren kann – nicht ganz sauber schaltet.

Manche Leute, die doch eigentlich mitgenommen worden sind, um die Fahrt zu verkürzen und zu verschönen, zeichnen sich dadurch aus, daß sie allerlei Unheil kommen sehen: Die Autobahn wird verstopft sein; ein solcher Wolkenbruch wie der, den man vor drei Jahren am Straßenrand abwarten mußte, droht augenscheinlich am Horizont und wird in den nahen Bergen die Gestalt eines Schneegestöbers annehmen; das Auto macht ein so merkwürdiges Nebengeräusch, das auch die Panne einleitete, die einmal in Südgriechenland zu einem dreitägigen Stopp führte; in dieser Gegend betrügen alle Tankstelleninhaber – und ob man nicht spürt, wie der Höhenunterschied den Kreislauf belastet, und wenn man es nicht spürt, wird man es schon deutlicher erleben, als einem lieb ist! So etwas muntert auf.

Übrigens ist weder das Fahren noch das Beifahren mit allen Begleiterscheinungen eine geschlechtsspezifische Angelegenheit. Und das gute oder schlechte Fahren oder Beifahren schon gar nicht!

Verliebt in den fahrbaren Untersatz

Auf einer längeren Autofahrt – alle Spiele waren schon gespielt, alle Lieder gesungen, alle Rätsel geraten und das Autoinnere sah aus wie die Zuschauertribüne eines Fußballplatzes nach dem Kampf – wurden die zum Quengeln neigenden Gemüter der kindlichen Mitfahrer wieder froh und glücklich gestimmt durch einen Leoparden. Dieser Leopard saß groß und majestätisch und fast echt anzusehen hinter der Heckscheibe des vor uns fahrenden Autos (ganz sicher behinderte er den Blick in den Rückspiegel) und hatte leuchtende grüne Augen. Das heißt, die Augen hatte er natürlich ständig, aber leuchten taten sie nur, wenn der Fahrer bremste. Da dies Wunderwerk während einer Ortsdurchfahrt in unser Blickfeld geriet, leuchtete der Raubtierblick immer wieder auf und brachte im wahrsten Sinne des Wortes Licht in unsere schon etwas trübsinnige Reisegesellschaft.

So scheuen eben manche Autofahrer weder Mühe noch Unkosten, um ihren Hintermännern Freude zu machen: da finden sich eben hinter der Heckscheibe nicht nur Hüte, Butterbrotpakete und Autoatlanten, sondern auch allerlei Plüschtiere. Mickymäuse und Puppen blicken zurück und wackeln gar bedeutsam mit dem Kopf. Vorn hingegen geschieht etwas für des Fahrers eigenes Gemüt: Babyschuhchen und ein Foto der

Lieben daheim mahnen daran, an die Familien zu denken, während in jeder Beziehung ausgeschnittene flotte Bienen eher das Gegenteil tun. Medaillen, Hufeisen und Maskottchen behindern nicht nur in den Kurven leicht die Sicht, sondern bringen auch Glück. Und wenn man ein sehr praktisch veranlagter Mensch ist, kann man eine Unmenge von Kleinigkeiten erstehen oder sich schenken lassen, die einem helfen, Zigaretten, Streichhölzer, Parkgroschen, Notizblätter, Bleistifte und Bonbons in Greifnähe unterzubringen und das Armaturenbrett in eine Art Bauchladen verwandeln. Allerdings: die Kristallvase mit einer Rose oder Nelke, die zu der Zeit, als meine Eltern die ersten Autos kauften, in jedem besseren Wagen anzutreffen war, ist leider fast ganz aus der Mode gekommen. Nur die Kissen fürs Wageninnere mit und ohne aufgestickter Autonummer gibt es immer noch.

Menschen, die sich so viel Mühe mit der innenarchitektonischen Ausgestaltung ihres Wagens geben – ich vergaß noch die schmückenden Schonbezüge und eventuell die Decken, um die Schonbezüge zu schonen – geben sich natürlich zumeist auch nicht mit einem serienmäßig gestalteten Äußeren zufrieden. Man kann gewissermaßen die Technik, vor allem soweit sie ins Auge sticht, auf den höchsten Stand bringen, indem man etwa vier hohe Antennen an allen vier Ecken montiert, oder man kann jede Menge zusätzlicher Scheinwerfer vorn und hinten anbringen, so daß das Auto einen aus vielen blitzenden Augen anstarrt. Es gibt natürlich auch wahre Hochstapler, die sich einfach die Kennzeichen für eine stärkere Ausgabe ihres Wagens besorgen und schamlos anbringen. Dies Verfahren hat den Vorteil, nicht viel zu kosten, aber den Nachteil, daß jeder Kenner sofort den Schwindel entdeckt.

Die Zeiten übrigens, wo ein Rallyestreifen notwendig etwas mit einer Rallye zu tun hatte, gehören auch längst der Vergangenheit an. Jetzt dienen sie in den allermeisten Fällen lediglich der Verschönerung oder sollen unter Umständen vom sportlich-aufgeschlossenen Geist des Autobesitzers künden. Die Autoindustrie, immer bestrebt, es ihren Kunden recht zu machen, bringt auch noch eine ganze Menge verchromter Zierleisten und Embleme auf den Markt, mit deren Hilfe man sein eher schlichtes Gefährt in ein chromblitzendes Wunderauto verwandeln kann, und manche tun das mit viel Liebe und nicht geringen Unkosten tatsächlich. Leider aber ist das handwerkliche Können des Besitzers nicht immer dem Schmuckbedürfnis gewachsen: eine eigenhändig, aber schief angebrachte Zierleiste kann den überwältigenden Eindruck nachhaltig stören.

Witzige Leute übrigens übertreiben vor allem bei ihren Veteranen die Verschönerung ins Komische: da prangt eine Alpenlandschaft mit Sonnenuntergang auf ihrem Vehikel, da gibt es Raffgardinchen oder gar Blumenkästen, die Polster haben Spitzendeckchen und das selbst in seiner frühesten Jugend nicht repräsentativ gewesene Auto ist mit dem leibhaftigen Zeichen eines Rolls-Royce geziert. Das macht mindestens genausoviel Spaß wie grüne Leopardenaugen!

Die kleine Schramme macht
doch gar nichts!

Sehr selten nur geschieht es, daß ein Mensch das erste Auto, das er fährt, ohne Schrammen über die Premierenrunden bringt. Man kann noch so vorsichtig sein, irgendwie passiert's. Ja, gerade weil man sich mit äußerster Vorsicht und großem fahrerischem Einsatz am Nachbarn rechts vorbeilaviert hat, ist man dem zunächst in behaglicher Entfernung stehenden linken Nachbarn zu nahe gekommen. Und wenn man beim Parken gar alle Mühe und Aufmerksamkeit auf links und rechts verwendet hat, kann es immer noch geschehen, daß man das Auto hinten gegen einen Begrenzungsstein manövriert, der tückischerweise so niedrig ist, daß man ihn durch das Rückfenster nicht wahrnehmen konnte. Natürlich verursacht der Stein neben der Schramme auch noch eine Beule, was noch weniger gern gesehen wird. Und wer am Anfang denkt, um durchzukommen sei mindestens die Breite eines Zwölftonners vonnöten, kann sich durch Hohn und Spott eventueller Beifahrer provoziert fühlen, die eigene Ausdehnung nunmehr unterschätzen und so in ungewollte Kontakte mir irgend etwas geraten. Tücken haben auch Garagentüren: Theoretisch sind sie natürlich weit genug, in der Praxis aber scheuern sie mal links und mal rechts, vor allem, wenn man beim Ein- und Ausfahren einen rechten Winkel vollführen muß. Kurzum, es gibt unübersehbare Gefahrenzonen.

Dies alles wäre zwar unangenehm, aber nicht tragisch zu nehmen, wenn nicht das erste Auto, das man ohne Fahrlehrer fährt, oft jemandem anders gehört, und sei es auch nur dem eigenen Ehemann, der versprochen hat, alles mit einem zu teilen, und mit dem man juristisch gesehen sogar in Gütergemeinschaft lebt. Leider muß konstatiert werden, daß sich hier die Geister ganz erheblich scheiden und daß bei vielen die Gütergemeinschaft noch immer beim Auto im allgemeinen und bei Schrammen im besonderen ganz radikal aufhört. Im Gegensatz zu früheren Zeiten haben es sich viele Väter zwar abgewöhnt, ihre Kinder zu verhauen, wenn die mit zerrissenen Hosen heimkehren, ihre Frauen aber trauen sich mit einer Schramme am Wagen kaum nach Hause. Nicht, daß sie wirklich Prügel bekämen – aber im moralischen Sinne bekommen sie sie allemal. Das gilt natürlich auch für die Kinder, wenn die nicht mehr Hosen zerreißen, sondern in Vaters Auto fahren. Kein Wunder, daß in diesem Zusammenhang so viel gelogen wird! In den allermeisten Fällen hat der Fahrer nicht die geringste Ahnung, wie die Schramme ans Auto geraten ist. Das muß wohl auf dem Parkplatz passiert sein. 90 Prozent aller Schrammen kommen auf Parkplätzen, ohne daß jemand dabei ist, was insofern verwunderlich scheint, als die Verursacher dieser Schäden ja auch irgendwo existieren müssen. Aber es geschehen in diesem Zusammenhang noch mehr Wunder: benutzen verschiedene Fahrer das gleiche Auto, so wird sich nie rekonstruieren lassen, seit wann der böse Lackschaden an der linken Seite besteht. Dabei geht so etwas doch nicht ganz geräuschlos vor sich. Indes: Entweder haben die Fahrer bisher nichts bemerkt, oder der Schaden war schon immer da. Beulen am Auto müssen übrigens nicht immer zu einem Gewitter mit Donner und Blitz führen: Sensible Naturen erreichen die gleiche Wirkung mit einem wortlosen Streicheln des verletzten Lackes, verbunden mit dem wehen Blick eines waidwund geschossenen Rehes.

Der allererste Kratzer im funkelnagelneuen Wagen ist eben etwas, was auch sonst großzügige Naturen schmerzlich berührt. Da ist es schon am besten, der Besitzer verursacht ihn selbst. Denn wenn er sich auch fest vorgenommen hat, sich mit seinem Auto nicht so anzustellen wie gewisse Leute, so kommt ihm doch das „Ach, die kleine Schramme macht doch gar nichts. Mal mußte es ja sein!" etwas gequält über die Lippen. Sich selbst dagegen kann er in schöner Offenheit mit allen zukommenden Bezeichnungen benennen, wenn er trotz jahrelanger Fahrpraxis wieder einmal die Betonsäule in der Parkgarage gestreift hat. Die nächste Schramme brennt dann sehr viel weniger – sofern man nicht zu jenen Autobesitzern zählt, bei denen Liebe, Freundschaft, Gelassenheit und alle anderen begrüßenswerten Regungen dahinschwinden, wenn es ums Auto geht.

Sollte Sie übrigens der Anlaß dieser Ausführungen interessieren: Mein Sohn fährt zur Zeit mit mehreren jungen Leuten in der Gegend herum. Die sind zwar behördlich abgestempelte, aber noch ungeübte Autofahrer. Na ja, die erste Schramme hatte der Wagen schon, auch die zweite und dritte ...

Hörst du auch
dieses komische Geräusch?

Maschinen geben es einem in den allermeisten Fällen akustisch zu verstehen, wenn sie sich nicht ganz wohl fühlen. Ihre Besitzer und Gebraucher dagegen reagieren auf diese Alarmzeichen grundverschieden: Die einen hoffen, daß sie sich verhört haben oder daß so ein geringfügiger falscher Ton schon kaum etwas ausmachen wird. Die anderen horchen beständig in ihre Motoren hinein und werden in die höchste Alarmstufe versetzt, wenn auch nur das geringste ungewöhnliche Geräusch an ihr superscharfes Ohr dringt.

Ich gehöre zu der ersten Gruppe und bin im allgemeinen damit ganz gut gefahren. Das liegt wohl daran, daß mancher falsche Ton wirklich von selber wieder abklingt, daß ich auf Grund völliger Unkenntnis des Innenlebens von Motoren eh nichts unternehmen könnte und daß die wirklich zu behebenden und selbst verursachten Fehlerquellen wie Benzin- oder Ölmangel zunächst völlig geräuschlos bleiben. Das Endgeräusch einer ohne Ölung arbeitenden Maschine ist allerdings höllisch und nicht mehr zu überhören. Da aber in diesem Stadium der Motor konsequent zu arbeiten aufhört, kommt die Warnung viel zu spät.

Die Leute, die jedem ungewohnten Geräusch auf den Grund gehen wollen, haben es oft schwer. Zunächst einmal stoßen sie nicht allzu selten auf die völlige Verständnislosigkeit der Mitwelt, die oft schon der Aufforderung, einmal genau hinzuhören, ob nicht etwas klirrt, brummt, scheppert, stößt, schnurrt oder ungleichmäßig summt, nur unwillig und unsorgfältig nachkommt. Dazu hat sie übrigens oft allen Grund, da sie weiß, daß sich ab nun die Unterhaltung um eben dieses Geräusch drehen wird. Da es sich meist um den Motor eines Autos handelt, wird die so hoffnungsvoll angetretene Fahrt nach angestrengtem Lauschen, ernsten Ermahnungen, doch wenigstens einmal genau hinzuhören, und verschiedenen Versuchen, durch Bremsen, Schalten, Gasgeben und Anhalten die Sachen in den Griff zu bekommen, in einer Werkstatt enden. Übrigens haben solche undefinierbaren Geräusche oft die tückische Eigenart, zeitweise zu verstummen. Dies tun sie ganz besonders gern in Reparaturwerkstätten, so daß sich der besorgte Fahrer, der vorführen will, was ihn hundert Kilometer lang beunruhigt hat, reichlich töricht wie eine Art Motor-Hypochonder vorkommt. Es ist auch nicht besonders tröstlich, daß sich der falsche Ton in nahezu allen Fällen wieder einstellt, sowie man die Werkstatt einige Meilen hinter sich hat.

Schon manches auf- und abtauchende Nebengeräusch entwickelt sich zu einem wahren Sargnagel für den Autobesitzer, der sich nun einmal nicht damit abfinden will, daß sein Wagen zuweilen einen merkwürdig heiseren Nebenton von sich gibt. So wird er zum Stammgast der umliegenden Werkstätten, mit denen er sich nach und nach verfeindet. Ganz zu schweigen von einem immer schärfer werdenden Briefwechsel mit der Herstellerfirma.

Da sind wirklich die Leute glücklicher daran, die optimistisch annehmen, daß es an irgend etwas im Kofferraum liegt, daß die Autoschlüssel aneinanderklirren oder daß sich etwas Belangloses bei Hitze oder Kälte ausdehnt oder zusammenzieht, was gleich ein Ende haben wird. Es darf allerdings nicht verschwiegen werden, daß diese glücklichen Naturen hin und wieder den Ruin ihrer Maschine in Kauf nehmen müssen, weil es eben doch ein Alarmzeichen war, was sie so konsequent überhörten. Da ist es natürlich nur gut, wenn kein Mensch in der Nähe war, der einen mit wiederholten „Hörst du nichts?" oder „Hör doch mal genau hin!" rechtzeitig problembewußt machen wollte, dessen gutgemeinte Warnungen man aber leichtsinnig in den Wind schlug.

Die Möglichkeiten, allerlei Töne von sich zu geben, vermehren sich naturgemäß mit dem Alter der jeweiligen Maschine. Es ist faszinierend, was ein betagtes Mofa, ein alter Rasenmäher oder ein VW von vor achtzehn Jahren auf diesem Gebiet alles fertigbringen, ohne daß es ihre Besitzer auch nur im geringsten beunruhigt. Da klappert, spuckt, faucht und quietscht es aufs Ausdrucksvollste, und wollte man auch nur einem Bruchteil der Geräusche in exakter Forschung nachgehen lassen, hätte man sehr schnell den mehrfachen Wert des Forschungsgegenstandes an Arbeitslohn erreicht, was sicherlich kein Mensch im Sinn hat.

Übrigens erinnere ich mich daran, daß wir früher einmal einem Onkel, der ständig in sein geliebtes Auto hineinhorchte, eine Erbse unter die Radkappe praktizierten. Es dauerte ziemlich lange, bis man sie gefunden hatte.

Vorsicht – Fahrer mit Hut!

„Sau unterwegs!" meinte heute morgen erbittert mein Taxifahrer. Nun gab es da zwar weit und breit kein Schwein auf der regennassen Straße, wohl aber ein Auto mit dem Kennzeichen „SU", das sich auf eine etwas rücksichtslose Art und Weise vor unser Gefährt gesetzt hatte und den kühnen Schwung, mit dem wir um die Ecke biegen wollten, empfindlich abbremste. Diese Fahrweise, so meinte mein Fahrer, sei typisch für Autos mit diesem Kennzeichen, und wenn ich das noch nicht bemerkt hätte, solle ich mal darauf achten. Und als kurz darauf noch ein anderes Auto mit dem CD-Schild der Diplomaten unseren Weg kreuzte, erhielt ich die weitere Belehrung, daß der Abstand, den man zwischen dem eigenen Wagen und einem Diplomatenfahrzeug halten solle, gar nicht groß genug sein könne, denn erstens führen die Brüder fast alle so sorglos wie zu Hause im Busch und zweitens kriegte man von ihnen so gut wie nie einen Schaden ersetzt, weil die deutsche Polizei wegen des Diplomatenstatus nicht an sie heran könnte …

Aber man braucht gar nicht unbedingt nach Bonn zu kommen, um solche summarische Urteile über andere Autofahrer zu hören. Weil man von denen, über die man sich ärgert, rein gar nichts weiß, hält man sich eben an das, was man auf den ersten Blick ausmachen kann, denn irgend etwas muß man ja schließlich beschimpfen. Vor allem der Großstädter ist davon überzeugt, daß die Leute mit den Kennzeichen umliegender Ortschaften bei weitem nicht an die eigene subtile Fahrkunst heranreichen. Und so setzt er eben voraus, daß der Fahrer aus Mayen sonst nur mit dem Traktor unterwegs ist, daß der aus Pinneberg es stets zu eilig hat, weil er ständig beweisen muß, daß es gar nicht so weit von Hamburg nach Pinneberg ist; der aus Ahrweiler hat es sonst nur mit Betrunkenen zu tun, der aus dem Bayerischen Wald kennt noch keine Ampeln, und wenn einer gar aus Aurich in Ostfriesland kommt, so wundert einen gar nichts mehr. Diese fundierten Vorurteile werden natürlich in keiner Weise dadurch beeinträchtigt, daß man auch heftigen und berechtigten Anstoß an der unmöglichen Fahrweise von manchen Autos aus München, Hamburg, Berlin und Köln nimmt.

Und dann gibt es natürlich noch die Sonntagsfahrer. Sonntagsfahrer sind alle die, die übers Wochenende unterwegs sind – mit einer einzigen, entscheidenden Ausnahme: das ist der Kritiker selbst. Der fährt zwar auch am Sonntag, aber würde es weit von sich weisen, ebenfalls als Sonntagsfahrer zu gelten. Da geht es ihm ähnlich wie den Touristen, die auf die Touristen schimpfen, wenn sie nicht gerade die Fahrer ihres Ferienlandes in Grund und Boden verdonnern, weil nach ihrer festen Überzeugung „die" Italiener (Franzosen, Jugoslawen, Belgier …) wie die ersten Menschen fahren. Kein Tourist kreuzt nach eigener Meinung wie ein Tourist durch die Straßen fremder Städte, er muß sich nur zuweilen etwas unorthodox einordnen.

Natürlich kann man auch noch die Fahr- und Parkweise eines Autofahrers auf seine Automarke zurückführen. Die ganz Kleinen, manchmal Uralten, lieben es, nach weitverbreiteter Ansicht, das Doppelte ihrer Breite einzunehmen und keinen vorbeizulassen. Die teuren Dicken treten einem fast auf die Hacken, wenn sie überholen wollen, und tragen, nach ebenfalls weitverbreiteter Ansicht, den Glauben an ein eingebautes Vorfahrtsrecht in sich. Die besonders Schnellen sollen die Devise vertreten: je rascher man über jede Kreuzung braust, desto geringer ist die Möglichkeit, daß einen dort einer von rechts erwischt. Und den Fahrern einer bestimmten Mittelklasse geht der Ruf voraus, daß sie pädagogischen Ehrgeiz haben und ständig andere Autos dazu zwingen, wirklich nicht schneller als die vorgeschriebenen vierzig oder siebzig Stundenkilometer zu fahren. Natürlich tun alles dies auch Autos anderer Marken, wenn es aber ein Mercedes, ein BMW, eine Ente oder ein Porsche tut, dann ist es eben einfach „typisch". Noch typischer wird es natürlich, wenn die Ente aus Heidelberg, der Mercedes aus Düsseldorf oder der BMW aus München kommt – dies ließe sich noch beliebig fortsetzen …

Alle Marken, Typen, Städte und Länder übergreifend gibt es übrigens immer noch die Abqualifizierung „Typisch Frau am Steuer". Und das sagte auch heute morgen mein vorurteilsfreier Taxifahrer, dessen Dienstleistung ich deshalb bemühen mußte, weil ich gestern abend leider vergessen hatte, das Licht an meinem Auto auszuschalten.

Daß ich jedoch auch selbst nicht vorurteilsfrei bin, merkte ich kurz hinterher: Als ich an einer Ampel nicht mehr um die Ecke kam, weil mein Vordermann so langsam und umständlich im doppelten Wortsinne schaltete, fuhr es mir wie selbstverständlich durch den Kopf: „Kein Wunder, Fahrer mit Hut!"

Wenn es gilt,
den Goetheplatz zu finden …

Wenn zwei Personen oft zusammen mit dem Auto unterwegs sind, ergibt sich außer anderen Differenzen auch die: Ist es nötig, nach dem Weg zu fragen, oder nicht? Die einen glauben an ihre Findigkeit und an die Zuverlässigkeit eingeholter Auskünfte. Wenn etwa die ersten Orientierungspunkte – wie drei Ampeln, eine Tankstelle bestimmter Marke links, eine Würstchenbude rechts und eine Gabelung, wo links keine Häuser stehen, rechts aber doch – pünktlich eingetroffen sind, so glaubt der eine, daß auch die Bonbonfabrik, wo man abbiegen muß, und das kleine Wäldchen, hinter dem die gesuchte Straße anfängt, sicher folgen werden. Der andere will lieber noch einmal nachfragen, was der eine im besten Falle als unnötig, meist aber mit anderen Ausdrücken bezeichnet. Welch Triumph für den einen oder anderen, wenn die Bonbonfabrik wenig später auftaucht oder wie vom Erdboden verschluckt zu sein scheint – ganz davon abgesehen, daß neue Auskunftgeber auf eine neue Einbahnregelung hinweisen können, die einem den ursprünglich genannten Weg zu der gesuchten Produktionsstätte verwehren kann.

Es ist übrigens in den meisten Fällen nicht so, daß derjenige, der fürs Fragen plädiert, auch der ist, der dann fragt. Entgegen traditionellen Benimmregeln fällt es Frauen offenbar leichter, Fremde anzusprechen –

zumal in einer Sprache, die sie nicht beherrschen. Männern ist es anscheinend unangenehmer, ihre Ignoranz in bezug auf Sprache und Weg zu offenbaren; also delegieren sie die entsprechende Aufgabe gern. Im übrigen ist es leichter, vom Beifahrersitz eine Kommunikation mit Außenstehenden zu finden, wie jeder weiß, der als Fahrer die rechte Fensterscheibe herunterkurbeln muß und sich selbst von den Fesseln des Gurtes zu befreien hat. Aber sehr oft wird immer dieselbe Person fragend tätig, ganz gleich, wo sie gerade sitzt. Um des lieben Friedens willen erkundigt sich diese Person dann oft nach dem Weg, obwohl sie davon überzeugt ist, ihn auch ohne Hilfe zu finden. Man kann diese Kapitulation hinauszögern (etwa bis die Bonbonfabrik von selbst auftaucht), indem man kritische Betrachtungen über die Eignung Vorübergehender als Auskunfstpersonen anstellt: Der eine sieht aus wie ein Tourist, die alte Dame hat keine Ahnung vom Autofahren und schickt einen bestimmt in eine Einbahnstraße, der Radfahrer hält sicher nicht mehr an, und das Mädchen sieht so aus, als ob es nur Türkisch oder Spanisch könnte. Zur Strafe für diese Hinhaltetaktik trifft man dann, wenn man wirklich den Weg nicht findet, überhaupt keine Menschenseele mehr auf der Straße an. Es ist erstaunlich, wie menschenleer auf diesem überfüllten Planeten eine Vorortstraße bei mäßigem Regen schon am frühen Abend sein kann. Man kann nur hoffen, daß man in solchen Momenten einen taktvollen Fahrtgenossen hat.

Die Auskünfte, die man bekommt, sind von sehr unterschiedlicher Qualität. Schweigen wir einmal von den Bewohnern ferner Länder, die es für grob unhöflich halten, keine Auskunft zu erteilen und deshalb zuvorkommend trotz totaler Unkenntnis lieber etwas ganz

Falsches von sich geben, so sind auch die Kundigen oft harte Brocken für die Wegsuchenden. Da gibt es Leute, die einem ganz genau ein markantes Warenhaus beschreiben und zum Schluß sagen, also dort solle man nicht vorbeikommen, oder die, die es einfach nicht begreifen, daß man, weil man noch nie in dieser Stadt war, weder die Meckenheimerstraße noch den Goetheplatz als Richtungsangabe benutzen kann, oder die, die einem zwei Wege beschreiben, den einen, der kürzer, aber nicht zu finden, und den anderen, der viel weiter, aber nicht zu verfehlen ist.

Noch verwirrender wird es, wenn mehrere gefällige Menschen untereinander in einen Disput geraten, während wir im Halteverbot stehen und nur ganz schnell wissen wollen, in welche Fahrspur wir uns vor der nächsten Kreuzung um Himmels willen einordnen sollen. Oder wir suchen eine Straße, von der zum mindesten in dem Ort, wo sie liegen soll, noch nie ein Mensch gehört hat. Da bekommt man dann statt der Mathildenstraße die Margaretenstraße angeboten, statt Max Reger Richard Wagner, statt Fliedner Flieder und statt Blaumeisen Rotkehlchen, was besonders verwirrend ist, da man doch einen Brief mit gedrucktem Absender in der Tasche hat. Es ist wie Weihnachten, wenn man dann schließlich auf einen Menschen stößt, der schon einmal von der Mathildenstraße gehört hat, „die irgendwo hinter dem Bahnhof sein muß". Richtig schwierig wird es, wenn man die Auskünfte von einer Person bezieht, die rechts und links verwechselt. Da mir das gleiche passiert, solange ich denken kann, ist es leicht, sich die dann entstehende Konfusion vorzustellen. Meist gilt übrigens die Richtung, in die man zeigt, und nicht die, die man ausspricht!

Ist der Wein auch nicht gepanscht?

Vor einem halben Jahrhundert etwa gehörte es zu den Prinzipien der Erziehung, den Kindern das dumme Fragen abzugewöhnen, was auch immer man darunter verstehen mochte. Nun muß zwar zugegeben werden, daß das stereotype „Warum?" auf jede Äußerung hin doch manchmal ganz schön enervierend wirken kann, obwohl es von kindlichem Forschungsdrang zeugt. Aber der moderne Pädagoge antwortet gewissenhaft, wenn auch manchmal etwas erschöpft auf alle Fragen, von denen er natürlich keine dumm findet. Das bleibt den Objekten seiner Erziehung vorbehalten. Was sagte doch neulich die fortschrittlich erzogene Kleine auf die betuliche telefonische Frage der guten alten Tante: „Was machst du denn, mein Schätzchen?" Das Schätzchen antwortete sachlich, aber nicht verbindlich: „Dumme Frage! Ich telefoniere mit dir!" Dumme Fragen gibt es also nur noch bei den Erwachsenen. Im Umgang mit Kindern etwa die Frage nach der Schule, sonst die, ob's weh getan hätte (wenn man jemandem gerade kräftig auf den Fuß getreten ist), ob man ungelegen käme (wenn man über einen Putzeimer stolpert) oder ob jemand, der Mißmut und Gereiztheit nur so ausstrahlt, etwa schlechte Laune habe.

Und dann gibt es noch ganz spezielle Fragen, die man am besten gleich unterlassen sollte, weil man nur in den allerseltensten Fällen eine ehrliche Antwort erwarten kann. Es existieren beispielsweise nur sehr wenige Oberkellner, die auf die Frage, ob der Tafelspitz zart und der Heilbutt fangfrisch sei, die ehrliche, aber geschäftsschädigende Antwort geben: „Der Tafelspitz ist eigentlich gar keiner, sondern gewöhnliches Suppenfleisch, das wir schön lange gekocht haben, und der Heilbutt liegt schon länger bei uns, aber weil er dringend weg muß, kriegen Sie heute eine besonders große Portion!"

Da also auf solche Anfragen hin mit großer Wahrscheinlichkeit nur positive Antworten kommen, sollte man sie sich klugerweise gleich schenken. Auch die Erkundigung nach dem Wein formuliert man besser nicht nach den Kriterien „gut" oder „schlecht" oder gar „gepanscht". Es ist kaum zu erwarten, daß man die ehrliche Antwort bekommt: „Wenn Sie was Anständiges trinken wollen, müssen Sie weiter unten auf der Karte nachsuchen ..." Und die Marktfrau, die auf beiläufige Nachfrage alle umweltfeindlichen Düngemittel ihres Blumenkohls bereitwillig aufzählt und berichtet, daß Eier und Spargel nicht mehr taufrisch seien, hat bestimmt einen unerhörten Seltenheitswert im harten geschäftlichen Daseinskampf. Man kann sich also ruhig die Nachfrage schenken und nach alter, von den Marktbeschickern nur ungern gesehener Untersuchungsmethode zum mindesten die Frische der Spargel selbst erforschen. Auch für die Eier gibt es übrigens eine einleuchtende Untersuchungsmethode. Da diese aber den großen Nachteil hat, daß man sie erst nach dem Einkauf zu Hause durchführen kann, empfiehlt sie sich genauso wenig wie die dumme Frage: „Sind die Eier auch frisch?" Besser ist in vielen Fällen ein Blick auf das Datum, der alle Zweifel lösen kann. Nicht zu ergründen hingegen ist die Sache mit dem Östrogen im

Kalbsbraten: Sie mögen fragen, soviel Sie wollen, solches Kalbfleisch gibt es in überhaupt keinem Laden und hat es auch nie gegeben – dort, wo Sie nachfragen wenigstens nicht. Desgleichen gibt es einfach keine wurmigen Pflaumen, keinen gezuckerten Wein, keine Blumen, die sich nicht prächtig halten, keine preiswerte Bluse, die sich nicht vorzüglich waschen läßt.

Ob ein zu weiter Pullover bei der Wäsche noch weiter und ein zu enger noch enger wird – auch diese dummen Fragen sollten Sie gar nicht erst stellen. Natürlich werden sie es nicht; eher schon umgekehrt. Auch der Motor des neuen alten Autos wird nicht demnächst streiken, der junge Hund ist nicht schwer stubenrein zu bekommen, und die Leberwurst ist gewiß nicht zu fett. Oder haben Sie schon einmal einen Gebrauchtwagenkauf erlebt, bei dem man Sie vor der für einen Fachmann voraussehbaren Enttäuschung gewarnt hätte? Oder hat man Ihnen – selbst auf Anfrage – alle Hundeseen und -berge auf dem Teppich bezüglich der Häufigkeit ihrer Wiederkehr ehrlich geschildert?

Aber man hat nun einmal den rührenden Kinderglauben, höchst leichtfertig zu handeln, wenn man sich bei Kauf oder Bestellung nicht noch einmal vergewissert, ob die Sache auch gut, frisch, dauerhaft, haltbar, pflegeleicht, gesund und, was weiß ich sonst noch, ist. Hinterfragen wir sie also (um ein schönes neues Modewort zu gebrauchen). Bloß: Sinn hat es keinen.

Die große Enthüllung
vor dem Frühstück

„Die Eule des einen ist die Nachtigall des anderen", heißt ins Hochdeutsche übersetzt ein treffender platt-deutscher Spruch. Die Nachtigall für meine kleine Nichte bestand in lauter Päckchen, Tütchen und Dös-chen auf dem Frühstücksbüfett des Urlaubshotels. Da-mit war nämlich das Problem der Mitbringsel für Großeltern, Eltern und die kleinen Brüder gelöst. Es hub ein großes Sammeln an – denn schließlich sollte man ja nicht sieben Wurst- oder Honigdöschen auf ei-nen Griff einheimsen –, bis alles beisammen war: Jeder von den Lieben daheim bekam Zucker, Kaffeesahne, Honig, drei Sorten Marmelade und zwei Sorten Wurst, Käse, Cornflakes, Knäckebrot, Pumpernickel und Süßstofftabletten. Auf Anfrage erfuhren wir spä-ter, daß es wirklich eine feine Überraschung gegeben hatte angesichts dieser Fülle des Gebotenen – fast wie in einem Puppenkaufladen!

Aber auch wer als Erwachsener nicht umhin kann, ganz kurz nostalgische Erinnerungen an den Puppen-kaufladen zu hegen, der betrachtet ja eigentlich das Frühstück nicht als eine Gelegenheit zum Mitbringsel-sammeln. Eher ist man geneigt, alle diese Zeugnisse für die Fähigkeiten der internationalen Verpackungsindu-strie als Eule (im Sinne des eingangs zitierten Spruchs) anzusehen. Mit Wehmut erinnert man sich an appetitliche Butterkugeln, an hübsche Marmeladentöpfe und Milchkännchen, und wenn man gar an Platten mit je nach Landschaft unterschiedlichem Aufschnitt oder Käse zurückdenkt, dann können einem die Döschen mit der Einheitswurst gar nicht gefallen, der Käse – alle Hotels beziehen anscheinend die gleiche abgepackte Sorte – erst recht nicht.

Trotzdem besteht das Frühstück, das obendrein meist einen stolzen Preis hat, heutzutage in nahezu allen Hotels zu einem mehr oder weniger großen Teil aus verpackten Eßwaren. Und vor das Einnehmen der Mahlzeit haben die Götter die Enthüllungsarbeit gesetzt. An gutgeführten Frühstückstischen hat der Gast eine Art Miniaturmülleimer vor sich stehen. Das ist auch dankenswert, denn sonst befindet er sich alsbald mit seinem Teller inmitten eines Schuttabladeplatzes, wo sich Tütchen, Döschen, Papierchen und Gläschen anmutig gruppieren. Besonders appetitlich ist dies übrigens im Flugzeug: Dort gibt es nämlich jenseits des Gedecks überhaupt keinen Platz. Man legt also das Käsepapier in die halb aufgegessenen Mixed Pickles, die Hülle für das Besteck – denn hier wird einem auch das Besteck verpackt geliefert – auf den luftdicht verschlossenen Saftbecher und das Milchdöschen in die Süßspeise, die sowieso kaum jemand aufißt.

Was so richtig gut verpackt ist, das widersteht natürlich laienhaften Auspackversuchen. Da haben beispielsweise die Staniolideckel eine Lasche, die offenbar dazu gedacht ist, den Deckel mühelos zu entfernen. Das gelingt nur wenigen Könnern, bei allen andern pflegt die Lasche zunächst einmal abzureißen, woraufhin man dann mit Fingernagel oder Messer weiterarbeiten muß. Es kann auch sein, daß mit der abgerissenen Lasche eine vielversprechende Öffnung entsteht, durch die man aber unmöglich die Marmelade ans Tageslicht befördern kann. Bei den Butter- und Käsepäckchen verteilt man bei ungeschickten Arbeiten und weichgewordenem Material Butter und Käse über das ganze Papier, das gut eingeschweißte Schwarzbrot hält auf Grund seiner durablen Umhüllung erst einmal allen Enthüllungsversuchen stand, und auch das hygienisch verpackte Messer läßt sich nur unter Zuhilfenahme seiner eigenen Schärfe befreien. Wahrhaft tückisch aber sind die Sahnedöschen.

Mit der schon erwähnten Lasche schafft man eine kleine Öffnung, aus der sich, über Kaffee oder Tee geneigt, zunächst gar nichts tut. Jeder Mensch drückt daraufhin auf den Deckel, worauf sich ein Sahnestrahl kräftig und manchmal erstaunlich weit ergießt – leider in vielen Fällen nicht in die bereitstehende Tasse, sondern über Blusen, Hosen, Jacken, Handtaschen, Eßwaren und unter Umständen sogar Nachbarn. Von der Milch in einer Art Tube, von der man das obere Ende abreißen soll, um eine Öffnung zu schaffen, wollen wir lieber gar nicht reden.

Eine zusätzliche Eule ist bei vielen auch das unbestimmte Gefühl, alles, was man angebrochen hat, auch aufessen zu sollen. Das kann man doch nicht alles umkommen lassen!

Nichts ist schöner als fliegen!

Wir alle wissen, daß das Fliegen ein uralter Wunschtraum der Menschheit ist. Schon der Steinzeitmensch sah gewiß neidisch der Wildente nach, die sich, wenn er mit dem Flitzbogen danebengeschossen hatte, in die Lüfte hob und über den See davonflog, während er sich durch Schilf und Gestrüpp um den ganzen See herumkämpfen mußte, um am anderen Ufer vielleicht ein Kaninchen zu erwischen. Wenn aber er und alle seine Enkel und Urenkel vom Fliegen träumten, so wissen wir nicht, wie sie sich die Sache eigentlich vorstellten. Sicher sahen sie sich nicht auf einem engen Sitz eingezwängt, sich mit kleinen Plastikbehältern und Tütchen herumschlagend, um mit deren Inhalten und mit Hilfe einer kleinen Plastiksäge ein Mahl einzunehmen, das sich die Fluggesellschaften als Strafe für die Menschen ausgedacht haben, die nicht in der ersten Klasse fliegen. Da die Vorahnen die Sache nur von den Enten und anderem Geflügel kannten, sahen sie sich in ihrem Traum auch nicht auf Flughäfen herumsitzen und warten: auf den Anschluß, auf die verspätete Maschine, auf den Aufruf oder auch nur ganz bescheiden darauf, daß ihnen nach Ablauf der angegebenen Verspätungszeit mitgeteilt wird, wie lange es nun wohl noch dauert.

Ganz sicher haben unsere Vorfahren überhaupt nicht von den Lautsprechern geträumt, die das Fliegen allüberall begleiten. Manchmal sind sie außerordentlich schwer zu verstehen, besonders wenn sie zu allem Überfluß auch noch mit fremden Zungen zu uns reden. Das kann zu lästigen Mißverständnissen führen: Wir sind nicht ganz sicher, ob es nicht doch unser Flug war, zu dem soeben aufgerufen wurde, und wir blicken verschreckt auf die Rettungsanweisungen in der Plastikhülle, wenn uns der Flugkapitän nur auf die zur linken Seite liegenden Gebirgszüge aufmerksam machen wollte. Überhaupt diese ungeheuer einleuchtenden Anweisungen! Hat man denn je in den letzten Jahren von Passagieren gehört, die man, nachdem sie die gelben Schwimmwesten vorschriftsmäßig angelegt und gleichfalls vorschriftsmäßig mit beiden Händen ruckartig an den Kordeln gezogen hatten, wohlbehalten aus dem weiten Meer gefischt hat? Ein ungemütliches Gefühl, von dem der Urmensch auch ganz sicher nicht geträumt hat!

Denn daß ein großer Teil der heutigen Menschheit beim Fliegen gewisse Ängste aussteht, ist leider eine Tatsache. Der andere Teil ahnt gar nicht, wie begnadet er ist, wenn er schläft, liest, plaudert, döst und ißt wie daheim im Lehnstuhl, während sein Nebenmann verkrampft und voller Entsetzen stundenlang gewissermaßen das Flugzeug an den Sessellehnen festhält. Andere wiederum fürchten sich nur von Fall zu Fall: Die Verspätung etwa ist sicher auf eine Reparatur zurückzuführen, und man weiß doch vom Auto her, wie leicht so ein Fehler wieder auftritt; die Stewardeß rennt durch den Gang, was sicher etwas zu bedeuten hat; man soll sich anschnallen, weil Turbulenzen drohen; ohne einleuchtenden Grund brummt der Motor plötzlich anders, oder das Flugzeug legt sich in die Kurve.

Auch von mannigfaltigem Ärger kam sicher im uralten Menschheitstraum nichts vor. Uniformierte Damen und Herren, die jede Nachfrage nach dem Stand der Warteliste für reine Hysterie halten, die der Gedanke völlig kalt läßt, daß ihre Kunden den Anschluß verpassen könnten, trifft man auf Flughäfen genauso an wie ihre verständnisvollen Gegenexemplare. Und warum man vom Wartesessel aufgescheucht und mit allem Handgepäck vor eine zunächst geschlossene Tür geschickt wird, ist auch eine ärgerliche Frage.

P.S. Sollten übrigens unsere Ahnen schon so etwas Ähnliches wie „Über den Wolken muß die Freiheit grenzenlos sein …" gesungen haben, so haben sie dabei gewiß nicht an den Gang zu einem gewissen Ort im Flugzeug gedacht, den der unausweichlich entgegenkommende Servierwagen unmöglich macht.

Den nächsten Sperrmüll nicht vergessen!

Unter den Wohnungsinhabern gibt es zwei verschiedene Sorten: Die einen haben einen Keller oder Dachboden, der einem allen Respekt abnötigt. Schon der Fußboden in diesen Räumen wirkt gepflegt, und was auch immer auf diesem Fußboden steht – und es steht nicht allzuviel darauf –, macht einen übersichtlichen und ordentlichen Eindruck. Gartengeräte und -möbel, Weinflaschen und Einmachgläser, die Kommode mit abgelegtem Zeug und die Wintersportgeräte findet man so fein säuberlich angeordnet, daß es eine wahre Lust sein muß, über solch einen Keller oder Dachboden zu gebieten. Bei der anderen Sorte Wohnungsinhaber finden sich zumeist die gleichen Sachen an und oft auch noch viel mehr. Leider handelt es sich hier um Leute, für die der Keller oder Boden der beste Platz für all das ist, von dem man im Augenblick nicht recht weiß, wohin damit. Und da ja alles – man wird es demnächst irgendwo ordentlich einordnen oder wegsortieren – nur provisorisch abgestellt wird, nimmt man den nächsten besten freien Platz. Es soll schon Fälle gegeben haben, wo es schließlich einen solchen Platz nirgendwo mehr gab, so daß die leeren Weinkartons auf dem alten (aber noch guten!) Sofa landeten, bekrönt von einem noch fast brauchbaren Lampenschirm. Doch das soll immer alles anders werden, wenn das nächste Mal der Sperrmüll abgefahren wird.

Die Leute mit den vorbildlichen Kellern haben auch die beneidenswerte Eigenschaft, immer rechtzeitig zu wissen, wann Sperrmüll ist. Die anderen werden es erst gewahr, wenn sie zu nächtlicher Stunde fein gekleidet heimkehren und vor den Häusern ihrer Nachbarn unförmige Haufen entdecken. Es gehört eiserne Willenskraft dazu, mitten in der Nacht oder im Morgengrauen in ein schlichtes Arbeitskleid umzusteigen und im Keller oder auf dem Dachboden das auszusortieren, was man längst aussortiert hätte, wenn man der mahnenden Stimme in seinem Innern gefolgt wäre. Es ist eben sehr bitter, zu den Benachteiligten zu zählen, bei denen der Sperrmüllwagen morgens in aller Frühe zu seiner Runde startet.

Das Aussortieren ist oft ein qualvoller Vorgang: Da geht es um all die Sachen, die zwar keiner haben will, die aber noch zu gut für den zermalmenden Müllwagen sind; oder um die Dinge, von denen man denkt, daß man es noch einmal bitter bereuen wird, wenn man sie weggibt. Auf anderen entbehrlichen Stücken ist so viel aufgestapelt, daß es mehr als lästig wäre, sie herauszuoperieren. Und dann sprechen auch unter Umständen Gründe der Pietät mit: War nicht das Schränkchen die erste gemeinsame Anschaffung?

Man kann sich mit dem Gedanken trösten, daß vielleicht ein junger Haushalt mit dem erinnerungsträchtigen Stück glücklich wird, denn es gab von jeher Interessenten, die die Sperrmüllhaufen nach Brauchbarem durchsuchen. Man gönnt den Suchern ja auch alles von Herzen, wenn sie nur nicht so oft den kunstvoll aufgerichteten Bau auseinanderrissen und den (zugegebenermaßen nicht ganz vorschriftsmäßig in den größeren Gegenständen versteckten) Kleinkram umherstreuten. Allerdings sind jene legendären Zeiten, wo man Antiquitäten auf dem Sperrmüll fand, längst vergangen, und auch jene entzückend zu bemalenden Möbelstücke, die man nach den Ratschlägen auf Bastelseiten vom Sperrmüll nehmen soll, sind mittlerweile recht dünn gesät. Ich weiß dies ziemlich genau, denn seitdem eine Freundin von mir einen kostbaren alten chinesischen Teppich gefunden hat, bei dem nur ein paar Brandlöcher kunstgestopft werden mußten, nehme ich jede Anhäufung von Sperrmüll sorgfältig in Augenschein. Es gibt da eine Schwemme von abgetretenen Bettvorlegern, Matratzen in unbeschreiblichem Zustand, wackeligen Regalen; besonders scheußlichen Sesseln und alten Herden, mit denen auch der passionierteste Bastler nichts mehr anfangen könnte. Aber man kann ja nie wissen! Übrigens gibt es auch Leute, die es für unter ihrer Würde halten, etwas vom Sperrmüll mitzunehmen. Natürlich sehen die immer und überall die herrlichsten Stücke, wie sie uns, die wir keine so verletzliche Würde hätten, sehr anschaulich zu berichten wissen.

Wie fast alle Umstände ihre zwei Seiten haben, so ist auch die frühe Sperrmüllabfuhr unter Umständen von unschätzbarem Vorteil, was alle Eltern von Schulkindern wissen. Kinder haben nämlich eine leidenschaftliche Vorliebe für Sperrmüll und neigen dazu, auf dem Heimweg von der Schule alles mögliche einzusammeln. Da kann man von Glück sagen, wenn man nur für den soeben endlich abgestoßenen alten Papageienkäfig einen noch älteren oder noch größeren ins Haus geliefert bekommt, es kann auch eine durchlöcherte Babybadewanne sein, ein alter Kinderwagen oder eine ziemlich unappetitliche Steppdecke.

Auf diese Art und Weise hat man wieder etwas für den Keller. Und für den nächsten Sperrmüll.

... und dann fragt man:
„Ist da jemand?"

Sie alle kennen sicher jene Filme, in denen der tapfere Held oder die verängstigte Heldin durch ein verlassenes Haus oder gar durch ein verwinkeltes englisches Schloß irrt – einem schrecklichen Geheimnis auf der Spur oder auf der Flucht vor einem drohenden Verhängnis. Sie oder er tappt durchs Dunkle, die Dielen knarren, ein Vorhang bewegt sich im Zugwind, eine Tür öffnet sich leise, so daß uns das Herz fast stehenbleibt, bis wir erkennen, daß es nur die Katze war. Ein Hund heult von fern, oder ein Käuzchen schreit, und wir haben – im Gegensatz zu der höchst gefährdeten Person– längst bemerkt, daß ihr ein ganz Böser mit mordlustigen Absichten nachschleicht. Wenn man nicht völlig hartgesotten ist, kann man sich zehnmal sagen, daß dies alles nur ein Film ist, daß kein vernünftiger Mensch unter solchen Umständen im Dunkeln herumschleichen würde und daß das Ganze also höchst lächerlich ist. Doch irgendwie nimmt es einen mit, und man ist froh, wenn Held und Heldin einander wohlbehalten in die Arme sinken.

Aber so ganz ohne Nachwirkung bleibt das Grausliche nicht. Wenn kurz darauf der Nachbarkater über die Terrasse pirscht, um am Hundefutter zu nassauern, fährt man zusammen, vorausgesetzt natürlich, man ist allein zu Hause. Auch das Läuten des Telefons hat etwas Gespenstisches, und wenn sich dann niemand Bekanntes meldet, bringt man die Angelegenheit unwillkürlich mit dem soeben gesehenen Finsterling in Verbindung. Auch er betrieb mit dem Telefon sein unheimliches Geschäft.

So lächerlich man sich selbst findet: Es kostet eine gewisse Überwindung, im Keller nachzuschauen, ob die Tür zum Garten verschlossen ist. Aber nicht nachzuschauen brächte man um keinen Preis der Welt fertig! Da ist es wirklich gut, wenn man im sicheren Hafen seines Bettes angekommen ist. Da man ein vernünftiger Mensch ist. beschließt man, sich nie wieder allein solchen Blödsinn anzusehen.

Manchmal graut man sich auch vor realerem Hintergrund: Gerade hat man gehört, welch scheußliche Verbrecher in der großen fremden Stadt in den Hotels ihr Unwesen treiben, schon muß man ganz allein in einem solchen Hotel schlafen. Die Korridore wirken wie ausgestorben, und der Hinweis an der Tür, man möge auf jeden Fall sein Zimmer verriegeln, ist auch nicht gerade ermutigend. Wenn nun der Verbrecher bereits im Zimmer ist? Mit Löwenmut schaut man unters Bett, hinter den Duschvorhang und in den Garderobenschrank, wobei man gar nicht auszudenken wagt, was geschieht, falls man dort wirklich jemanden finden sollte.

Forscht man einmal genauer nach, wird man auf eine ganze Menge Leute stoßen, die sich mehr oder weniger graulen, wenn sie spätabends allein in ihre verlassene Wohnung oder ihr einsames Haus heimkehren. Entweder gehen sie durch alle Räume und sehen nach dem Rechten beziehungsweise Unrechten, oder sie wollen es lieber gar nicht so genau wissen und suchen gleich ihr Schlafzimmer auf. In solchen Momenten wird es klar, daß jedes Haus irgendwo und irgendwie knarrt oder knackt. Es soll schon vorgekommen sein, daß Ängstliche dann die todesmutige Frage „Ist dort jemand?" an die Dunkelheit gerichtet haben, ohne zu bedenken, daß – selbst wenn dort einer wäre – er wohl kaum diese Frage bejahen und sich vorstellen würde.

Aber nicht nur innerhalb alter oder neuer Gemäuer kann man sich graulen, auch im Freien kann es unheimlich sein. Manche haben die Vorstellung, im Vorgarten lauerten dunkle Elemente, wobei sie sich nicht recht klarmachen, daß es für den Betreffenden sehr frustrierend sein müßte, unter Umständen stundenlang bei Regen und Sturm hinter einem Baum auf der Lauer zu stehen, um Spätheimkehrerinnen in Angst und Schrecken zu versetzen. Seit Rotkäppchens Zeiten ist es auch vielen Menschen im dunklen Wald, selbst am hellichten Tage, unheimlich zumute gewesen, zumal, wenn sie keiner Menschenseele begegnen. Wenn sie aber unversehens doch einer begegnen, fürchten sie sich vielleicht noch ein bißchen mehr: Ein einsamer Mann, der aus dem Gebüsch kommt – da hat schon manch einem der Atem gestockt!

Wie gut, daß man in vielen Fällen durch einen einzigen Gefährten gegen alles Grausliche gefeit ist!

Das große Packen

Bevor es ans eigentliche Werk geht, leiten Vorverhandlungen mannigfaltiger Art die Aktion ein. Es geht beispielsweise darum, ob Karlchen mitreisen darf. Karlchen ist ein ausgewachsener Hase von ansprechendem Charakter. Als Präzedenzfall für seine Begleitung spricht die Tatsache, daß auch der inzwischen dahingeschiedene Goldhamster Poldi schon einmal mit von der Partie war. Dagegen ist allerdings einzuwenden, daß Karlchens Behausung mehr als dreimal so groß ist wie die des Verstorbenen. Also bleibt er daheim, was nicht ohne eine gewisse Verdüsterung hingenommen wird. Auch die Mitnahme des Schlauchbootes („... im letzten Jahr haben wir es nur ein einziges Mal über die Dünen geschleppt ...“), eines Klappfahrrades und der Bocciakugeln wird am besten vorher ausdiskutiert, denn nichts kann die durch die große Familieneinpakkerei bereits strapazierten Nerven noch mehr belasten, als wenn plötzlich jemand mit einem dieser Gegenstände neben dem geöffneten Kofferraum auftaucht. Auch sollte man sich vorher darüber einigen, ob selbstgemachte Marmelade, einige Bestände aus dem Weinkeller, der Haartrockner, die Kaffeemaschine und die Hundefutterschüssel mitreisen müssen. Dies ist natürlich nur eine Überlegung für Familien, auf die am Reiseziel ein Ferienhaus wartet – womöglich noch ein wildfremdes.

Das eigentliche Kofferpacken aber dreht sich meist um Schuhe, Textilien und Kosmetika. Hier scheiden sich dann sofort die Geister in solche, deren Ideal es ist, mit einem Minimum an Sachen auszukommen, und solche, die für alle Fälle gerüstet sein wollen – und Fälle gibt es sehr viele! Kann man etwa vorher wissen, ob man auch ein elegantes Kleid braucht und ob dieses Kleid dann lang oder kurz sein muß? Man hofft zwar, daß es warm wird, kann das aber nicht sicher vorhersagen, was wiederum wärmere Hosen, Pullover, dazu passende Hemden und Schuhe bedeutet. Und zu dem allerschönsten Pullover paßt nur die einzige Hose, die erfahrungsgemäß jeden dritten Tag in die Reinigung muß. Also wäre es sicher leichtfertig, nicht noch weitere Möglichkeiten gegen etwaige Kälte zu schaffen. Gürtel, Tücher und Jacken müssen auch bedacht werden, damit man nicht wieder ein Kleid ganz umsonst mitnimmt, weil man nicht an den Gürtel gedacht hat (oder an die Schuhe ...).

Leute von der anderen Geisteshaltung, deren Ideal etwa darin besteht, den gesamten Urlaub in einer mehr bequemen als eleganten Hose und einem Pullover undefinierbarer und deshalb nicht schmutzender Färbung zu verbringen, weisen alle Eventualitäten – vor allem die des Gegenstücks zum eleganten Kleid – weit von sich, und man tut gut daran, sich mit ihnen nicht in Diskussionen festzubeißen, sondern stillschweigend das eine oder andere repräsentative Stück ihrer Garderobe in den eigenen Koffer zu packen. Dank soll man dafür allerdings nicht erwarten. Für den bedauerlichen Fall, daß die Sachen wirklich nicht gebraucht werden, muß man sich auf Spott und Hohn gefaßt machen, den man übrigens auch auf jeden Fall zu spüren bekommt, wenn unsere eigenen schwerwiegenden Koffer ins

Auto oder ins Taxi gehoben werden und festgestellt wird, daß es noch eine weitere Tasche mit Schuhen oder einen Sack mit Pullovern, Badezeug und Kosmetik gibt. Die spitze Frage: „Wie lange wollen wir denn eigentlich bleiben?" überhört man unter diesen Umständen am besten.

Bei der nachfolgenden Generation ist man hin- und hergerissen, ob man es schon aus Bequemlichkeit begrüßen soll, wenn sie darauf bestehen, von einem gewissen Alter an ihre Sachen selbst zu packen, oder ob man besser ein waches Auge auf diese Aktivität richtet. Denn auch hier scheiden sich genau wie bei den Großen die Geister. Zwar ist der Typ, der sich am liebsten auf die gemütlichsten Jeans und den dicken Seemannspullover beschränken würde, weitaus in der Überzahl. Aber es gibt auch junge Menschen von der Sorte, die am liebsten alles mitnähmen, selbst die Skihosen und den Gymnastikanzug.

Und so ist es nicht zu verwundern, daß einer der Höhepunkte jeder Reise schon in der Feststellung besteht, daß man eigentlich alles glücklich verstaut hat. Aufatmend läßt man sich in die Polster des Wagens oder des Abteils fallen: Die Fahrt kann beginnen!

Eine Wohnung für die Ferien

Es gibt die verschiedensten Gründe, in den Ferien eine Wohnung oder ein Haus zu mieten. Um nur einige davon zu nennen: Der Pensionspreis selbst eines nicht zur Luxusklasse zählenden Hotels multipliziert mit vier oder fünf; die Tatsache, daß einen im letzten Urlaub das Trommeln des Regens auf das Zeltdach allzu trübe gestimmt hat; das strikte Verbot, im mitgeführten Kocher auf dem Zimmer die Baby-Mahlzeit zu wärmen; die einem freien Mann unzumutbare Forderung, sich zum Abendessen fein zu machen; die für die Figur verhängnisvolle Pflicht, täglich zweimal ausführlich zu speisen (da man es ja nun einmal bezahlen muß!), und die Erinnerung an all die mißbilligenden Blicke auf die in der Tat im Urlaub besonders unternehmungslustigen lieben Kleinen. Um also sein ganz und gar eigener Herr zu sein, mietet man sich ein.

Leider muß hier gleich gesagt werden, daß dieser Wunsch nicht immer in Erfüllung geht. Da taucht beispielsweise in meiner Erinnerung das leicht hexenartige Bild einer hochbetagten holländischen Vermieterin auf, die streng darüber wachte, daß kein Besuch Tee aus Wassergläsern trank (die Tassen waren abgezählt), daß das Babybett im Elternschlafzimmer blieb, daß die Badeanzüge nicht auf die Heizung kamen und der Strohsessel nicht auf die Terrasse. Und einen Holzblock, über dem wir die Teppiche klopfen sollten, stellte sie uns nebst Teppichklopfer auch zweimal wöchentlich als Verpflichtung vor die Tür. Dafür war dies Quartier auch das billigste, das wir je hatten.

Glücklich ist der zu schätzen, der weiß, was er mietet. Da ist man selbst mit den Fehlern vertraut. Man weiß, daß nur für eine Person zur Zeit ein wirklich heißes Bad da ist, daß es auf der Terrasse abscheulich zieht, daß es zuwenig Schrankraum gibt und daß man immer auf dem Sprung sein muß, einen der beiden wirklich bequemen Sessel zu ergattern. Ja, den Salzstreuer mit dem kaputten Deckel betrachtet man nach einem oder gar zwei Jahren mit gerührter Wiedersehensfreude.

Ein neues Urlaubsquartier hingegen steckt voller Überraschungen. Die wohl peinlichste ist die, wenn man in fernen Landen mit müden Reisegenossen, knatschigen Kindern und seekrankem Hund ankommt, und aus irgendwelchen mysteriösen und in fremder Sprache manchmal gar nicht auszumachenden Gründen wohnen dort schon andere Leute. Oder man steht vor verschlossenen Türen oder gar vor einem Rohbau, der noch gar keine Türen hat. Wenn man dies nach Jahren erzählt, klingt es sehr komisch – im betreffenden Augenblick sieht man das Witzige an der Sache nicht so recht. Auch die Anzahl der Betten ist nicht immer ganz zuverlässig – es sei denn, die Bank in der Küche und die verdächtig aussehende Matratze im Kriechkeller zählen mit, so daß man gleich nach der Ankunft die schwierigste Verteilungsdiplomatie führen muß. Außerdem gilt es, dies und jenes zu erkunden: Wo können die Bettwäsche, wo die Eierlöffel, wo der Korkenzieher und der Besen sein? Gibt es eine Kaffeemaschine oder gar eine Saftpresse?

Nach dem Preis, den man zu zahlen hat, richtet sich zumeist auch die Ausstattung. In die ganz sparsamen Bleiben begibt man sich mit vollem Bettzeug, so daß das Urlaubsauto einem Auswandererschiff gleicht, während man für sehr viel Geld – wie ich neulich in einem Prospekt las – sogar einen Butler mitmieten kann. Nur genügend Kleiderbügel findet man nie vor, und die Ferienwohnung, in der alles funktioniert, wurde auch noch nicht angetroffen: Mal regnet's ein wenig herein, mal darf irgend etwas nicht benutzt werden, mal funktioniert die Nachttischlampe oder der Staubsauger nicht, und das Propangas haucht seinen letzten Geist aus.

Aber selbst wenn alles wunderschön war – einen Moment gibt es doch, an dem man sich wünscht, im Hotel zu sein: Wenn bei der Abreise die Forderung akut wird, daß alles – wie es so schön heißt – in dem Zustand verlassen werden soll, in dem man es anzutreffen wünscht. Putzen, packen und aufpassen, daß keiner etwas schon Geputztes wieder benutzt oder betritt – das kann selbst sonst gelassene Gemüter in Wallung versetzen.

Aber im nächsten Jahr kommen wir ganz bestimmt wieder hierher!

Vorbildliche Mieter
für die Ferien gesucht!

Sprechen wir hier nicht von den Superreichen! Alle weniger mit irdischen Gütern Gesegneten stellen beim Ankauf einer Ferienwohnung oder eines Ferienhauses eine Rechnung auf, bei der das in dieser Beziehung berüchtigte Milchmädchen Pate steht. Der wichtigste Faktor darin ist, daß der Urlaub ab sofort nichts mehr kosten wird, was sich als ein schrecklicher Irrtum erweist, zumal, wenn man über Fremdenbetten verfügt. Dann hat das Milchmädchen hauptsächlich den Kaufpreis des Domizils in seine Rechnung einbezogen und solche Kleinigkeiten wie Hypothekenzinsen, Grundsteuern, Heizkosten, Wassergeld, Anliegerkosten, Hausmeistergebühren, obligatorische Clubbeiträge und Müllabfuhr verdrängt, damit der Gedanke, für das gleiche Geld könne man sich sorglos monatelang im Grandhotel aufhalten, gar nicht erst aufkommt.

Eines Tages aber kommt dem stolzen Besitzer statt dessen angesichts der nicht mehr übersehbaren Wirklichkeit die Idee, sein Besitztum zum Zwecke der Unkostendeckung zu vermieten – möglichst zu jenen Wucherpreisen, über die er als Mieter jahrelang geklagt hat. Leute, die sich genieren, behaupten übrigens gern, sie vermieteten nur, weil es nicht gut täte, das Heim so lange unbewohnt zu lassen; aber gerade aus diesem Grunde könnten sie es ja eigentlich billiger machen. Viele tun dies übrigens auch bei Freunden und Bekannten, weil sie es so schwer fertigbringen, die Summe auszusprechen, die man Fremden abzuknöpfen sich nicht scheuen würde. Glücklich ist übrigens der Ferienhausbesitzer zu preisen, der sich nicht dermaßen tief hereingeritten hat, daß er selbst nur noch im November sein Besitztum nutzen kann. Jahrelang waren wir in den Ferien in einer Wohnung an der Nordsee eingemietet, die den ganzen Sommer über Zinsen verdienen mußte.

Wenn man also vom Mieter zum Vermieter geworden ist, überkommen einen höchst unliebsame Erinnerungen: Wie oft hat man den Kindern gesagt, sie sollten die Füße von Grünewalds Sofa nehmen? Wie oft ist man der Bitte, sandige Badeanzüge draußen und nicht im Spülbecken auszuwaschen, in aller Eile nicht nachgekommen? Irgendeiner aus der Familie hat Brot oder Wurst direkt auf dem Küchentisch geschnitten, und wenn man nicht dauernd mit einem Untersatz hinter den heißen Teekannen hergewesen wäre, hätte die Wohnzimmertischplatte bös ausgesehen. Und den Hund, der geradezu versessen darauf war, Aromaknochen auf dem Teppichboden zu knacken, hat man auch ständig ins Freie gescheucht – wenigstens in den meisten Fällen. Was das Geschirr anbetrifft, hat man ein reines Gewissen, man erinnert sich, alles brav ersetzt zu haben, mit Ausnahme eines Prunkstücks von Vase, das man aber sorgfältig wieder zusammengeklebt hat.

Aber nun kommen die Mieter, ganz fremde noch dazu, und wer weiß, ob sie die Füße von unserem Sofa nehmen und einen Untersatz unter die Teekanne stellen? Man richtet alles für sie her, und unversehens ertappt man sich dabei, daß man sich wie auf einen Einfall barbarischer Völkerscharen einrichtet. Die wunderschönen Überdecken werden durch uralte, eigentlich schon ausrangierte, ersetzt, und genauso geht es dem schneeweißen Badeteppich; einige besonders hübsche Tassen werden aus dem Verkehr gezogen, und angesichts der Teller an der Wand in der Eßecke drängt sich der Gedanke auf, ob es wohl Kinder gibt, die im Haus Fußball spielen dürfen, oder solche, bei denen die stolzen Eltern unbekümmert zusehen, wenn sie mit Dauerlutschern, saftigen Birnen oder schmelzendem Eis am Stiel auf den geblümten Sesseln herumturnen. Vielleicht sind sie auch schon älter und rauchen in den Betten, oder sie ölen sich dick ein, ehe sie sich auf die nagelneuen Polster der Liegestühle flegeln. Kurzum, obwohl wir sie überhaupt nicht kennen, können wir sie eigentlich schon jetzt nicht ausstehen.

Kennt man übrigens die Leute, kann es durchaus passieren, daß man nach einer solchen Vermietung gegeneinander schwelenden Groll im Herzen trägt. Gerade von diesen Leuten hätte man nie erwartet, daß sie in allen Kochtöpfen angebrannte Speisereste hinterlassen würden und daß ihr Hund ganz offensichtlich seine Nächte auf dem Sofa verbringen durfte. Ihre Behauptung, der Toilettendeckel wäre schon entzwei gewesen, setzt allem die Krone auf. Sie hingegen zweifeln unsere Wasserrechnung an. Wenn es eine Gerechtigkeit gibt, müßten wir doch jetzt dafür belohnt werden, daß wir – im ganzen gesehen – viele Jahre lang vorbildliche Ferienhausmieter gewesen sind!

Gefährten für 14 Tage!

Manchmal können sie einem auf die Nerven fallen, und manchmal sind sie ja auch wirklich nett – auf jeden Fall trifft eines auf sie zu: Man kann sie sich nicht aussuchen und muß sie nehmen, wie es einem ein freundliches oder unfreundliches Schicksal beschieden hat. Ich spreche hier von den lieben oder weniger lieben Mitmenschen auf Gruppenreisen. Man trifft auf sie, wenn bereits alle Reiseplanungen getätigt und alle Entscheidungen getroffen sind – im Bus, im Flugzeug, auf dem Schiff. Wenn man mit hohen Erwartungen gekommen ist, so kann der erste Eindruck niederschmetternd sein. Das also sind die Leute, mit denen man jetzt für zehn oder vierzehn Tage mehr oder weniger aneinandergeschmiedet ist! Da fällt eine Gruppe mittelalterlicher Damen in offenbar stramm sitzenden Korsetts auf, die auf eine etwas lautstarke Weise Fröhlichkeit verbreitet, dann ein Ehepaar im Partnerlook, der weder dem einen noch dem anderen Partner steht, da ist der mürrisch aussehende Herr, der schon den ersten Krach um die Versorgung seines Gepäcks beginnt, ein Elternpaar mit zwei halbwüchsigen Söhnen, die offenbar dem Schicksal grollen, das sie auf eine Bildungsreise zwingt, und schließlich eine flotte Clique beiderlei Geschlechts, die sich gegenseitig hörbar versichern – so, daß jeder gezwungen ist, davon Kenntnis zu nehmen –, daß sie die Sache schon voll in die Hand nehmen werden. Mit der Sache meinen sie offensichtlich die Reise menschlich gesehen.

Natürlich guckt man sich auch nach netten Leuten um, und, obwohl es auf die inneren Werte ankommt, wie jedermann weiß, schaut man zunächst nur nach den äußerlichen. Da ist jemand betont lässig, aber schick gekleidet, ein anderer oder eine andere hat ein nicht alltägliches Gesicht oder besitzt eine Art abgenutzter, aber edler Reisetasche, wie sie spießige Leute eben nicht haben, andere erinnern einen an irgend jemanden, den man mag, und dann ist da noch ein Paar, das zärtlichen Abschied von ebensolchem Hund nimmt, wie auch wir ihn zu Hause lassen mußten. Die allermeisten Leute übrigens fallen zunächst weder nach der einen noch nach der anderen Richtung auf, und man hat zunächst Mühe, sie auseinanderzuhalten. Langsam, aber sicher lernt man sich kennen, wenn auch nicht immer gleich mit Namen. Der hünenhafte ältere Herr allerdings, der ständig mit einer ganz jungen, zierlichen Vietnamesin oder Thailänderin herumturtelt, hält sich völlig abseits, so daß die allseits interessierende Frage, ob es sich wohl um seine Frau handelt, und ob er sie etwa über eine Annonce gefunden hat, nie geklärt wird. Von dem mürrischen Reisegefährten, der schon beim Start Streit anfing, hält sich die übrige Gruppe fern, weil er seitdem in nicht abreißende Auseinandersetzungen um Essen und Trinken, Hotelzimmer, Fremdenführer, Händler und Busfahrer verwickelt ist, und weil er der immer schwierigen Frage nach Lüftung oder Nicht-Lüftung im Bus ständig neue Nahrung für weitere Kampfhandlungen abzuzwingen versteht. Dagegen sind interfamiliäre Streitigkeiten, bei denen man aus räumlichen Gründen gar nicht weghören kann, aber selbst unbeteiligt ist, von menschlichem Interesse. Die beiden Knaben, von denen man inzwischen weiß, daß sie eigentlich mit ihren Freunden per Interrail durch die Welt fahren wollten („Es kostet so gut wie nichts, weil man ja immer im Zug schlafen kann ..."), schauen betont bei allen Sehenswürdigkeiten in ihre zerfledderten Comic-Heftchen und bringen damit den Vater zur Weißglut, der seinerseits wieder die Mutter für diese Fehlentwicklung verantwortlich macht. Die Ehefrau eines eher unscheinbaren Herrn sieht in ihm anscheinend ein begehrtes Lustobjekt aller Damen und hat vollauf mit seiner Bewachung zu tun.

Ein ständig fotografierendes Paar macht sich die ganze Reise lang gegenseitig Vorwürfe, daß der falsche Apparat, das falsche Objektiv, die falsche Blende oder der falsche Film auf Grund der Schuld des jeweils anderen verwendet wird. Der allseits erwartete Höhepunkt, daß einer der zahllosen Apparate einmal in unwirtlicher Gegend liegenbleibt, findet allerdings nicht statt.

Sehr traurig ist der Reisegruppenreisende dran, der niemanden hat, mit dem er solche Beobachtungen besprechen kann. Sofern er allein reist, redet er zunächst über Wetter, Essen und Kultur. Das andere gibt sich erst später; wenn er Glück hat, früh genug, um die gemeinsame Anschaffung von gleichen Pudelmützen und Islandpullovern seitens der fröhlichen Damenriege zu würdigen.

Wenn Bello mit auf Reisen geht ...

Ganz grob kann man reisende Tiere einteilen in solche, die im eigenen Heim auf Reisen gehen, und solche, die ganz wie ihre menschlichen Begleitpersonen auf ein fremdes Dach über dem Kopf angewiesen sind. Zu der ersten Gruppe gehören Vögel aller Arten, Goldhamster, Meerschweinchen, Zwerghasen und wohl auch hin und wieder der eine oder andere Fisch. Sie selbst – eingeschlossen in ihren eigenen vier Wänden – wären relativ unproblematisch, wenn nicht ihre Behausungen ein Vielfaches der Körpergröße an Raum einnähmen. Jeder, der schon einmal mit einem Meerschweinchen- oder Papageienkäfig in die Ferien gefahren ist, kann ein Lied davon singen. Die heiligen Schwüre der Besitzer, daß sie das liebe Tier mitsamt dem Käfig während der ganzen Fahrt auf dem Schoß halten wollen, damit dem Liebling ja nicht die gewohnte seelische Betreuung und die Freuden eines Ski- oder Badeurlaubs entgehen, erweisen sich zuweilen als brüchig. Wasser, Futter und Sand treten über, und irgend etwas klappert immer. Noch fataler kann es sein, wenn – was auch gar nicht so selten geschieht – der Wellensittich oder Goldhamster heimlich – was bedeutet ohne Käfig – in einer Pappschachtel oder Manteltasche mitgeführt wird. In der Regel hat der Besitzer nur bis zur Ankunft am Ziel vorausgedacht. Nicht alle Hoteliers geraten außer sich vor Wonne, wenn einer ihrer Gäste ein zutrauliches Lebewesen aus dem Ärmel gucken läßt oder aus der Hosentasche verliert. Und nicht immer schätzen die gastgebenden Freunde und Verwandten weiße Mäuse im Schuhkarton. Ein Goldfisch im Weckglas wird schon eher gern gesehen. Es fragt sich nur, ob der Goldfisch sich nicht nach seinem weitläufigeren Aquarium sehnt.

Während man die Tiere mit Eigenheim relativ leicht in Pflege geben kann, gestaltet sich die Sache bei vierbeinigen Hausgenossen, die unsere ganze Wohnung als die ihre betrachten, schon schwieriger. Katzen kann man zwar mitsamt der Wohnung in Pflege geben, oder man kann für sie eine Art Behelfsheim in Gestalt eines tragbaren Schlafzimmers anschaffen, aber so richtig mögen sie beides nicht. Hunde hingegen wollen auf jeden Fall mit. Sie sind auch sehr schwer zu verleihen, weil selbst die guten Menschen, die sich angeboten hatten, den Bello oder die Asta während unserer Reise zu nehmen, meist gerade dann nicht können, wenn man auf ihr Angebot zurückgreifen will.

Manche Hunde reisen völlig ohne Gepäck, für andere hingegen muß eine ganze Ausrüstung eingepackt werden: Körbchen, Decke, Futternapf, Spielzeug, Spezialfutter, Medikamente für alle Fälle, warme oder regendichte Mäntelchen und vielleicht sogar das Reisenecessaire, das es in feinen Hundeläden zu kaufen gibt. Aber ob gut oder gar nicht gerüstet – vor Überraschungen ist man nie sicher. Da sah man sich etwa im Geiste auf den Langlaufskiern durch die Landschaft streifen, den fröhlichen Hund als Begleitung ... und nun darf er überhaupt nicht auf die Loipe, und im Schnee sackt er bis zu den Ohren ein. Auch der gemeinsame Strandspaziergang unter südlicher Sonne ist oft verboten, und beim Schlittschuhlaufen wird der treue Wachhund von dem Gefühl beherrscht, er müsse alle Welt laut bellend vor diesem unnatürlichen und gefährlichen Tun anhaltend warnen. Ich kannte auch einen Neufundländer, der es sich in den Kopf gesetzt hatte, alle Menschen aus den Fluten zu retten. Als man ihn daraufhin im Hotel ließ, zernagte er voller Rachsucht einen Schuh und eine Bettdecke, was er nachweislich seit seiner allerfrühesten Jugend nicht mehr getan hatte.

Auch sonst fallen die lieben Hunde auf Reisen manchmal in die Gewohnheiten ihrer frühesten Jugend zurück. Vielleicht wollen sie wie etwaige Vorgänger eine Spur ihrer Anwesenheit hinterlassen, und so ist es kein Wunder, daß nicht in allen Unterkünften der Eintritt eines angeleinten Begleiters mit Wohlwollen begrüßt wird. Es empfiehlt sich, das gute Tier im Auto zu lassen, bis die Ankunftsformalitäten abgeschlossen sind. Man kriegt auf solchen Reisen richtige Hundeaugen, da man beginnt, die Welt danach zu betrachten, was gut für Bello ist. Hat man bisher schön möblierte Schlösser geliebt, so zieht man jetzt Ruinen vor, weil der Hund dort herumschnuppern darf. Man meidet herrlich gepflegte Gärten und freut sich über verkommene Grundstücke. Die schönste Kathedrale verliert in unseren Hundeaugen, wenn sie über keine Möglichkeit zum Anbinden verfügt, und außerdem entwickeln wir uns zu Anhängern aller Freilichtmuseen.

Übrigens: An das deprimierende Erlebnis, in einer fremden Stadt den mitreisenden Hund völlig ergebnislos straßauf, straßab zu führen, weil er irgendwie keine ihm zusagende Stelle findet, erinnert sich wohl so mancher ...

Mit Talski und Bergski
quer zum Hang!

Von den Alpenbewohnern weiß man, daß sie gewissermaßen mit dem Laufen auch gleich das Skifahren erlernen, und man ist sehr erstaunt, wenn man einmal auf
einen Oberbayern oder Tiroler stößt, der diese Kunst
nicht beherrscht. Alle anderen müssen sie mehr oder
weniger mühsam erlernen. Weil nun aber das Skilaufen
in vielen Dingen der menschlichen Natur zuwiderläuft,
begibt man sich am besten in eine Skischule. Dort wird
einem gleich von Anfang an richtig beigebracht, daß
man nicht schön breitbeinig fahren darf, was einem
doch eine gewisse Standfestigkeit verleihen würde, daß
man sich vom Berge weglehnen muß, obwohl man sich
höchst anlehnungsbedürftig fühlt, und daß man die
Schulter nach vorn nehmen muß, die das partout nicht
will, was einen zunächst ganz konfus macht. Nur
Leute, die schon immer in Turnen eine Eins hatten, begreifen dies und andere Widrigkeiten wie Spitzkehre,
Abrutschen und Aufstehen „quer zum Hang" auf Anhieb. Es ist sehr verbitternd, mitzuerleben, wie sie alles
schneller und besser können als andere Mitschüler im
Skikurs, die sich doch wahrlich viel größere Mühe geben. Meist springen diese Typen nach geraumer Zeit
auch noch in eine bessere Klasse. Wenn man sie dann
ein paar Tage später leichtskiig mit ihrer neuen Gruppe
vorüberflitzen sieht und sie gönnen einem dabei (vielleicht übt man gerade unprogrammgemäß „quer zum

Hang") ein paar muntere herablassende Worte, empfindet man sehr schnell so etwas wie echten Klassenhaß.

Die Einteilung in Klassen erfolgt am Anfang der Skiferien. Wenn man nicht ein totaler Anfänger ist oder wenn der Pepi oder Franz oder Toni einen nicht noch vom Vorjahr her kennt, so muß man „vorfahren". Das fällt erfahrungsgemäß miserabel aus, da man zum erstenmal seit elf Monaten wieder auf Skiern steht und zudem von Prüfungsangst geschüttelt wird – obwohl man sich natürlich sagt, daß man hier ja schließlich nur zum Spaß ist und einem alles ganz egal sein könnte. Das Schlimmste, was einem passieren kann, ist ein zu guter Kurs: Hoffnungslos abgeschlagen keucht man hinterher, je öfter man fällt, desto mehr Kraft verbraucht man beim Sich-Hochrappeln, und je weniger Kraft man hat, desto öfter fällt man. So müht man sich hinter den anderen her, die längst schwatzend und lachend oder gute Ratschläge zurufend („quer zum Hang!") auf einen warten und just dann wieder starten, wenn man sie völlig außer Atem erreicht hat. Das sind so die Momente, wo man die Ärmsten nicht mehr allzusehr bemitleidet, die an einem vorbei mit einer Bahre zu Tal geschafft werden.

Bei den Skipädagogen gibt es übrigens ganz verschiedene Typen: Die einen umkreisen wie ein lieber Hütehund ihre Gruppe und stehen mit Rat und Tat zur Verfügung, während die anderen mit ein paar Vorzugsschülern die Spitze halten und ihre Anweisungen – wenn überhaupt – über Berg und Tal brüllen. Und dann gibt es natürlich alle Schattierungen dazwischen. Außerdem muß man noch zwischen den jungen hübschen und den alten erfahrenen unterscheiden und zwischen denen, die nach dem Kurs von der Bildfläche verschwinden, und denen, die ihre Schüler – vor allem die weiblichen – noch nach dem Skikurs betreuen und durch Zitherspiel, Absingen uriger Lieder, Jodeln und andere Zuwendung erfreuen. Nebenbei gesagt kann man beim zuständigen Wirt manchmal den Franzl oder Pepi auf der Platte kaufen. Natürlich ist der Platz nahe beim Lehrer sehr begehrt; während des Unterrichts, weil man da bei der Abfahrt noch so schön vorschriftsmäßig alle Bogen nachfahren kann, was sich von Hintermann zu Hintermann immer mehr verwischt, und nach Schulschluß, weil doch eben so ein Skilehrer nun einmal etwas ganz Besonderes zu sein scheint.

Skiklassenkameraden lernen sich nach ein paar Stunden ganz gut – wenn auch etwas einseitig – kennen. Erhabene Intelligenz, selbst eine superschicke Skiausrüstung verlieren völlig an Bedeutung gegenüber der Tatsache, daß man es bereits in der dritten Stunde schafft, den ganzen Idiotenhügel in schönen Bögen hinunterzufahren. Manch Kavalier tut sich schwer, selbst einem reizenden Mädchen zu verzeihen, wenn es zum zweitenmal aus dem Schlepplift fällt und ihn mit ins Verderben reißt. (Übrigens kann man schon nach kurzer Zeit nicht mehr begreifen, wieso Leute aus dem Lift fallen.) Paare pflegen sich zu verkrachen, wenn einer besser ist als der andere, und Paare pflegen sich zu finden, weil beide nach der Skischule noch unternehmungslustig sind.

P. S. Die wichtigste Erkenntnis: Talski vor! Bergski belasten! Nein, umgekehrt war's richtig! Oder?

Eine Seefahrt, die ist lustig!

Es existiert ein Bild aus meiner früheren Jugend, wo meine Mutter (angetan mit einem duftigen Voilekleid), mein Großvater (weißbärtig mit Panamahut), meine Schwester und ich (in sommerlichen Smokkleidern) – als schöne Familiengruppe auf der Heckbank eines Rheindampfers sitzen, eine stolze Burg im Hintergrund, und im Vordergrund die abgeschnittenen Beine meines Vaters. Dies wäre sicher sehr idyllisch anzuschauen, wenn meine Schwester und ich nicht von bitterster Enttäuschung gezeichnete Gesichter machten. Es gab nämlich auf dem Schiff kein Eis, obwohl man uns das fest versprochen hatte. Allein das Versprechen aber hatte das Stillsitzen und das Übermaß an zu bewundernder Gegend erträglich gemacht. Es gab nur jenen krümeligen Rosinenkuchen, der Kindern immer im Halse steckenbleibt, und Kakao mit Haut.

Inzwischen habe ich noch weitere Schiffsreisen – auch was die Entfernungen angeht – gemacht, und wenn auch dies und jenes schon einmal auszusetzen war, so handelte es sich doch um ganz andere Beanstandungen. Eis gab es allemal. Die Verproviantierung der Schiffe war eher immer so, daß verständlich wird, warum figurbewußte Leute das Risiko einer Seereise fürchten. Die Mahlzeiten und Zwischenmahlzeiten bilden eine ständige Versuchung, der man nur schlecht widerstehen kann. Vor allem, wenn man bedenkt, daß alles bereits bezahlt ist – und das in der Regel nicht zu knapp.

Das Bestechende an einer solchen Reise ist unter anderem die Tatsache, daß man sommers wie winters alle möglichen abenteuerlichen, exotischen, heißen, kalten oder in staubigen Trümmern liegende Ortschaften ansehen kann und doch sein Hotel immer mit sich führt. Es gehört sicher zu den kleinen Freuden des Lebens, schmutzig und durstig oder durchgefroren und hungrig, in jedem Fall aber müde in seine Kabine heimzukehren, wo die eigenen Toilettensachen stehen, die Handtücher frisch sind und die Kleidung fein säuberlich im Schrank hängt. Wo obendrein ein opulentes Abendessen auf einen wartet, von dem man sich einbildet, man hätte es sich nach solchen Strapazen verdient und es würde wohl nicht zu Buch schlagen.

Auf Schiffen sitzt man gewöhnlich immer mit den gleichen Leuten bei Tisch, so daß der Obersteward – dem die Macht verliehen ist, die Tischplätze zu verteilen – schon darüber entscheidet, ob die Fahrt unter einem guten Stern steht. Da er aber zumeist die Leute selbst nicht kennt, handelt es sich um eine reine Lotterie, bei der es allerdings wahrscheinlicher ist, daß man Damengesellschaft gewinnt, weil die Herren ganz offensichtlich weniger schiffsreiselustig sind. Man kann natürlich auch um einen anderen Platz bitten, hat dann aber die Schwierigkeit, daß man mit jenem Taktgefühl, das einem so oft zu schaffen macht, für den Rest der Reise versucht, den verschmähten Tischgenossen aus dem Wege zu gehen.

Das ist auf einem großen Schiff möglich. Da kann es einem noch nach Tagen passieren, daß man Leuten begegnet, die man noch nie gesehen hat. Manchmal sind es auch dieselben Leute, mit denen man per Barkasse zu den Mähnenrobben gefahren ist, die aber plötzlich beim Captains Dinner in großer Aufmachung und frisch vom Friseur ganz anders aussehen. Auf manchen Schiffen hat man viel Auslauf, auf manchen müssen die Jogger auf der Stelle treten, was sie auch unermüdlich tun. Auf allen Schiffen hat man zunächst Orientierungsschwierigkeiten, sofern es sich nicht um Hafenbarkassen und Rheindampfer handelt. Man muß zuweilen aus den Fenstern sehen, um herauszufinden, ob man gerade in Richtung Bug oder Heck wandelt. Ein beliebter Gesprächsanknüpfungspunkt ist es deshalb, nach dem Weg zu fragen. Außerdem ist natürlich das Wetter zu besprechen, wobei man immer wieder auf jene erfahrenen Reisenden trifft, die ungeheuerliche Stürme überlebt haben (selbstverständlich ohne seekrank zu werden!).

Obwohl für nahezu alle Reisenden die Schiffstour Urlaub ist, gibt es noch in jedem Reiseprogramm den Begriff „Urlauf auf See". Damit sind jene Tage gemeint, an denen man nicht aussteigen muß, weil man gar nicht aussteigen kann. Es gibt nichts zu besichtigen als den Himmel und das Meer, was den meisten von einem Liegestuhl aus, den man sorgfältig nach Wind und Sonnenstand auswählen muß, vollauf genügt. Für wen das zu wenig ist, der findet noch mehr zu betrachten: Varieté, Bücher, Tanztee, Spiele, Konzerte, Kino – und natürlich die anderen Leute und die Speisekarten (garantiert mit Eis!).

Schließlich haben wir alles bezahlt!

Zur altmodischen Erziehung gehörte es früher, daß das brave Kind seinen Teller leer aß. Das war nicht immer ganz einfach zu bewerkstelligen. Bei den Kleinen half man der Sache mit aufmunternden Reden nach: „Einen Löffel für den lieben Opa ... einen Löffel für die gute Muhkuh." Für die Größeren gab es strenge Worte und mehrfaches Servieren der gleichen verhaßten Mahlzeit. Ich erinnere mich an ein Kinderheim, wo ich die Mittagsmöhren noch zum nächsten Frühstück gereicht bekam, woraufhin mir der fromme Morgengesang „Lobt froho den Herren ..." im Halse stecken blieb. Zum Erwachsensein gehört dann die erfreuliche Tatsache, daß man essen kann, was man will, wenn man nicht gezwungen ist, „aus Anstand" von diesem oder jenem wenigstens einen Happen zu kosten. Es gibt da allerdings eine gravierende Ausnahme, von der sich nur sehr souveräne Menschen ganz frei machen können: Wenn man fürs Essen bezahlen muß. Nun meine ich nicht die ganz krassen Fälle – die es natürlich auch gibt –, wo jemand in sich hineinstopft, was nur hineingeht, nur um dem Wirt nichts zu schenken, wie es im schönen Spruch heißt. Oder man ißt etwas, was man eigentlich nicht mag, nur, weil es viel kostet. Aber ist es nicht so, daß man sich die Suppe, die man eigentlich gar nicht will, kommen läßt und zum mindesten ein paar Löffel probiert, weil sie nun einmal zum Menü gehört? Daß man aus dem gleichen Grund Dessert und Käse nimmt, was man besser bleiben ließe, und daß man dazu neigt, noch eine Scheibe Fleisch zu nehmen, obwohl man gar nicht damit gerechnet hatte, eine zweite Portion geboten zu bekommen, und auch mit der ersten schon zufrieden war? Manche Leute nehmen auch etwas Obst vom Frühstücksbüfett mit aufs Zimmer, wo die Früchte dann langsam immer unansehnlicher werden, weil sie zwischen Frühstück und Mittagessen und zwischen Mittagessen und Abendmahlzeit dann doch nicht gegessen werden.

Hat man nämlich von daheim aus „Vollpension" gebucht, was nur um ein geringes teurer als „Halbpension" war, fühlt man die Verpflichtung, zweimal täglich einem mehr oder weniger vorzüglichen Menü Aufmerksamkeit zu schenken, damit nicht von herausgeworfenem Geld die Rede sein kann. Ich kenne eine ganze Menge Leute, die sich schon aus Gründen ebenmäßiger Wohlgestalt vornehmen, sich zwar zu Tisch zu begeben (... es ist ja schließlich bezahlt ...), aber nur einen kleinen Salat essen und alles andere tapfer an sich vorbeiziehen lassen wollen. Nur wenige verfügen dann an Ort und Stelle über die ausreichende Tapferkeit. Auch der Wein, den man eigentlich mittags gar nicht so sehr schätzt, weil er einen erfahrungsgemäß schläfrig macht, wird – da inklusive – gewissenhaft getrunken.

Was der Mensch bezahlt hat, das will er auch haben. Da steht zum Beispiel auf dem Busreiseprogramm die Tour zu irgendwelchen historisch sehr bedeutsamen, aber eher erinnerungsträchtigen als eindrucksvollen Trümmern. Auf der Fahrt dorthin und im Ort selbst ist es heiß und trocken, und das Menü auf halber Strecke

– so sickert von früheren Reisegruppen durch – besteht hauptsächlich aus den Knorpeln und dem Fett von Hammelurgroßvätern. Stöhnend unter der harten Bürde dieser Ausflugspflicht tritt dennoch die ganze Reisegruppe pünktlich an – auch jene, die sich keinen Deut um die ganze ehrwürdige Historie scheren. Auch das Museum wird, weil „inklusive", sogar von denen durchgestanden, die daheim freiwillig nie einen Schritt in eine Institution dieser Art setzen. Sie halten genauso tapfer durch wie andere etwa am Folklore-Abend. Auf den Empfangscocktail in der Hotelhalle, den Willkommensschluck des Kapitäns oder den Frühschoppen des Stadtvaters wird nur selten verzichtet, selbst wenn es zeitlich gerade nicht so gut in den Kram paßt.

Ganz überraschende Charakterzüge aber entwickelt der Mensch leider, wenn es etwas geschenkt gibt (was er auch längst irgendwie bezahlt hat); eine kleine Muschelkette etwa, einen Papierfächer, ein winziges Fläschchen mit geradezu betäubend duftendem Parfüm, eine Stange Vanille oder einen Korallenzweig. Selbst Leute, die bequem den Gewürzgarten oder die Parfümfabrik aufkaufen könnten, drängeln sich vor oder ärgern sich gar, weil ihre Muschelkette etwas weniger hübsch ist. Und jene Dame, der es gelang, zwei billige Papierfächer zu ergattern (für ihre zwei kleinen Töchter daheim), war von echtem Eroberungsstolz erfüllt. Was übrigens nicht verhinderte, daß die Fächer nachher im Bus liegenblieben ...

So ein Bart!

Vielleicht erinnert sich der eine oder andere Angehörige meiner Generation noch an ein Spiel, das „Biber" hieß und darin bestand, daß man stets und ständig nach Männern mit Bärten Ausschau hielt. Wer angesichts eines solchen zuerst „Biber!" sagte, bekam nach einem festgelegten System Punkte zugeteilt. Und wer zuerst hundert Punkte beisammen hatte, war Sieger. Um die jeweilige Anzahl der Punkte wurde hart verhandelt. So war beispielsweise ein Biber mit Glatze und Schnurrbart mehr wert als ein „Einfachbiber", und Traumzahlen konnte man buchen für einen schlipsdeckenden, doppelspitzigen Biber auf Fahrrad. Rückblickend läßt dies schöne Spiel darauf schließen, daß zu jener Zeit ein Herr mit Bart Seltenheitswert besaß und von einem leichten Hauch von Komik umgeben war. Außerdem handelte es sich fast ausschließlich um alte Herren, denn die gleichfalls sehr hoch bewerteten schwarzen, braunen und blonden Biber traf man eigentlich nur sehr selten und wenn, dann bei Pennbrüdern an. Wenig später änderte sich das dann, als auch U-Boot-Kapitäne mit Bärten einherkamen, was einen zum erstenmal auf die Idee kommen ließ, daß unsere Großväter doch wohl nicht von allen guten Geistern des guten Geschmacks verlassen waren, als sie sich Bärte stehen ließen. Mein Großvater beispielsweise trug einen, und ich pflegte als Kind mit großem Interesse zuzusehen, wie er sein Exemplar (kurzer Viereckbiber mit spitzenlosem Schnurrbart) mit besonderen Kämmen und Bürsten sorgfältig frisierte.

Später allerdings huldigte man ganz allgemein dem Glauben, daß ein Herr, der nicht zu den Greisen zu rechnen und dennoch ein Bartträger war, irgend etwas zu verbergen hätte: sei es ein fliehendes Kinn, eine häßliche Oberlippe oder eine Narbe, sei es ein zu kindliches Aussehen oder mangelndes Selbstbewußtsein oder irgendeinen anderen Tick. Natürlich wurde ein Schnurrbart immer wesentlich milder beurteilt als ein richtiger „Fußsack", den man zum allermindesten für den Ausdruck einer exzentrischen Gemütsart hielt, allerdings auch für das Zeichen einer gewissen Intellektualität, da abgesehen von Großvätern, Alm-Öhis und Kräutermännlein es vor allem Maler, Dichter, Redakteure und Professoren waren, die Bart trugen.

Aber dann setzte sich vor allem bei jungen Leuten der Gedanke durch, die verhaßte Gesellschaft dadurch strafen zu können, daß man sich nicht nur schlecht, sondern überhaupt nicht mehr rasierte. Man trug einen Bart nicht mehr aus Geschmacksgründen, aus Eitelkeit oder aus ästhetischem Bedürfnis, sondern aus Protest gegen eine Welt, die man nicht mochte. Und genau wie man zu Kaiser Wilhelms Zeiten am „Es ist erreicht" – Schnurrbart eine bestimmte Gesinnung ablesen konnte, kann man heute ganz sichergehen, daß man Vertreter einer ganz anderen Gesinnung kaum ohne Bart antreffen wird. So weit – so gut. Nur kann man leider sehr oft gar nicht übersehen, daß noch längst nicht jedem, der mit der bestehenden Gesellschaft nicht einverstanden ist, auch ein Bart steht. Und da man auch offenbar die herrschenden Zustände nicht genug bekämpft, wenn man, wie weiland mein Großvater, seinen Bart sorgfältig pflegt, begegnet man oft einer Fülle von nicht besonders kleidsamen Zottelbärten. Übrigens hat man jetzt auch Gelegenheit zu beobachten, daß bei völligem Wildwuchs dem einen ein üppiger Rauschebart und dem anderen nur ein dürftiges Ziegenbärtchen sprießt. Der eine hat richtige Wellen, der andere eher Seegras, und bei dem dritten unterscheidet sich der Bart deutlich in der Farbe vom Haupthaar. Bei zunehmendem Alter und zunehmender Integration in die Gesellschaft fallen die Bärte dann entweder ganz dem Rasierapparat zum Opfer, schrumpfen zum Schnurrbart ein oder verwandeln sich in gestutzte und gepflegte, gleichsam zivile Exemplare.

Das Verhältnis des weiblichen Geschlechts zum Bart ist sicher nicht mehr so eindeutig festzulegen wie zu Urgroßvaters Zeiten, als es noch hieß: „Ein Kuß ohne Schnurrbart ist wie eine Rose ohne Duft!" Aber es gibt ganz sicher eine Menge junger Mädchen, die es ungeheuer attraktiv finden, wenn ein junger Mann wie Johannes der Täufer oder Rasputin daherkommt. In vielen Fällen kann auch wirklich ein eher unbedeutendes Gesicht etwas Dämonisches oder Extravagantes durch einen Bart bekommen. Auch ein reiferer Herr mit gepflegtem Intellektuellen- oder Trutz-Blanke-Hans-Bart kann sehr viel überzeugende Männlichkeit höchst verführerisch ausstrahlen. Andererseits fällt ein hoher Prozentsatz der Bärte schließlich doch als Opfergabe auf Grund weiblicher Wünsche und Bedingungen. Nur gibt es ganz gewiß nahezu kaum einen Mann, der gewillt ist, seinen Bart einer Mutter, Großmutter oder Tante zuliebe zu opfern. Da muß dann schon jemand aus einer anderen Generation kommen, und man sollte von vornherein auf nutzlose Attacken verzichten.

Nebenbei bemerkt gehört es zu den Ungerechtigkeiten dieser vorwiegend immer noch von Männern eingerichteten Welt, daß jemand mit einem frei flatternden, doppelspitzigen Langschalbiber vielerorts ohne weiteres ins Schwimmbadwasser springen darf, während eine gepflegte weibliche Kurzhaarfönfrisur badekappenpflichtig ist.

Der Trend geht zum Kissen!

Als vor – ich weiß nicht wieviel – tausend Jahren irgendein Steinzeitvorfahre oder wahrscheinlicher eine -vorfahrin sich ein Fell oder ein Bündel Reisig unter das Hinterteil schob, um nicht länger auf irgend etwas Hartem oder Kaltem zu sitzen, war die Idee des Kissens geboren. Später erfuhr sie eine wesentliche Verfeinerung dadurch, daß man diese Polsterung mit Stoff oder Leder umhüllte, womit der Kissenbezug erfunden war. Im Laufe der Zeit rückte dann das Kissen von seinem ursprünglichen, wenig repräsentativen Platz an augenscheinlichere Orte. Es avancierte zum Schmuckstück und zur Zierde eines jeden Raumes. Diese Entwicklung ging so weit, daß es bis heute noch geschehen kann, daß sich das Gesicht mancher Hausfrau schmerzlich verzieht, wenn ein ehrfurchtsloser Gast sich so ein wundervolles Gebilde hinter den Rücken stopft und es in die Gefahr bringt zu zerknittern. Ja, es gab sogar Kissen, die, groß, prächtig und mit Spitzen und Bändern reich verziert, völlig sinnentstellt tagsüber unter der Bezeichnung „Paradekissen" auf den Betten thronten. Ich habe mich einmal als Kind sehr schämen müssen, als – was streng verboten war – meine Freunde beim Versteckspiel ins Elternschlafzimmer gerieten und feststellten, daß wir keine Paradekissen hatten. Wenn auch, soviel ich weiß, die Paradekissen längst abgeschafft sind, so hielt sich doch sehr lange die Auffassung, daß ein kompletter Haushalt ohne zierende Sofakissen nicht vorstellbar sei. Um einem etwaigen Mangel auf diesem Gebiet von vornherein abzuhelfen, war das Sofakissen ein beliebtes Hochzeitsgeschenk. Mit so kleinlichen Fragen wie denen nach Stil und Farbrichtung des jungen Heims hielt man sich gar nicht erst auf. Ein schönes Sofakissen – möglichst noch selbst gehandarbeitet – war ein Wert an sich und auf jeden Fall ein Schmuck für jeden Raum. So bekam ich eins in seegrüner Wolle mit braunem und beigem Glanzgarn gestickt, eins mit Mohnblumen, Kornblumen und Ähren in Gobelinstickerei und ein Handgewebtes in Blau. Dazu kam ein rundes gestricktes Etwas, Puff genannt, von meiner Großmutter, die überhaupt nicht verstand, wieso ihr Ausspruch „Jede meiner Enkeltöchter kriegt einen Puff mit in die Ehe!" allgemeine Heiterkeit erregte. Da alle diese Kissen von lieben Leuten kamen, entstanden gewisse Probleme. Vor allem mit dem seegrünen, dessen Schöpferin alle Augenblicke bei uns hereinschneite. Probleme gab es auch mit meinem guten Hausgeist, der darauf bestand, daß alle Kissen in Reih und Glied auf dem Sofa zu sitzen hatten. Eine Sitte, die offenbar über gewisse Unsterblichkeit verfügt: Immer wieder muß man den Kissen mit einem Klaps die Hasenohren austreiben.

Nach einem eher kissenlosen Trend über einige Jahre hinweg, wo eigentlich nur Autokissen mit kunstvoll aufgestickten Nummern en vogue waren, befinden wir uns unversehens wieder in einem wahren Kissenboom. Da gibt es nostalgische Gebilde mit Blümchen und Schleifchen und Spitzen, da arbeitet man in der Manier der Sonntagsmaler in Gobelin ganze Dörfer, stickt Gärten und Jahrmärkte, und da gibt es selbst verfertigte oder teuer erkaufte Exemplare in Leder und handbemalter Seide. Am beliebtesten scheint aber eine Sammlung von einfarbigen Seidenkissen in einer sorgfältig ausgewählten Farbskala von Grau, Taubenblau, Himmelblau, Tiefblau und Weiß oder in allen Schattierungen von Rot zu Gelb oder von Grün und Braun.

Lässig, beileibe nicht in Reih und Glied, auf einer farbharmonischen Couch verstreut, bieten sie einen Beweis erlesenen Geschmacks, wie man ihn häufig auf Bildern in innenarchitektonischen Zeitschriften bewundern kann. Nur wirft dort nie jemand sein Schottenkaro-Plaid oder eine lila Wolljacke zwischen all die Harmonie, wie es in der rauhen Wirklichkeit nur allzuoft vorkommt. Als wesentlichen Fortschritt oder auch Rückschritt zu den Ursprüngen kann man allgemein konstatieren, daß die neuen Kissen, auch die edlen, zum Gebrauch bestimmt sind. Man darf auf ihnen sitzen und liegen und kann sie sich auf unbequemen Stühlen in Rücken und Nacken stopfen, ja, sie dienen sogar auf dem Erdboden der menschlichen Bequemlichkeit, was bei ihren Vorfahren undenkbar gewesen wäre.

Ein Problem, das schon bei meinen Hochzeitsgeschenken akut war und später auch in meiner Umgebung immer wieder auftauchte: Wie bringt man ein ungeliebtes Kissen auf die glaubwürdigste Weise um, ohne den Geber oder gar Verfertiger tödlich zu kränken?

Taschen sind nicht ohne Tücken

Hinsichtlich der Vielfalt ihrer Taschen sind die Männer den Frauen immer noch weit überlegen. Zwar gerieten die Frauen durch die Hosenmode auch in den Besitz der so vielseitig verwendbaren Hosentaschen, können sie aber kaum verwenden, weil jede gutsitzende Hose bekanntlich mächtig an Eleganz verliert, wenn sie durch allerlei Ausbeulungen verrät, daß die Taschen nicht leer sind.

Männer sind da viel souveräner: Sie stehen oft erhaben über der Tatsache, daß etwa ihre Oberschenkel durch mindestens zwei zusammengeknautschte Taschentücher deformiert werden. Bei zukünftigen Männern kann man sogar heilfroh sein, wenn es sich nur um Taschentücher handelt. Bei ihnen findet man außer ganzen Do-it-yourself-Werkstätten wenig benutztes Kaugummi, wichtige Dokumente, unabgeschickte Postkarten an die Oma, Miniautos, Geldstücke, Trockenobst, Radiergummis, Farbstifte und eventuell lebendes Inventar wie Marienkäfer in Döschen, klitzekleine Frösche und den geliebten Goldhamster, der auch mal die Wonnen eines Schulausfluges genießen soll. Letzterer wird natürlich nicht mit in die Wäsche gegeben – bei allem anderen hingegen kann man nie wissen. Darum ist Vorsicht geboten. Ein Kugelschreiber kann sich verheerend auf die übrige Wäsche auswirken, und ein Schülerfahrausweis kommt in ent-

scheidend verändertem Zustand aus der Waschmaschine. Da die jungen Herren später eine Zeit der mehr
als knapp sitzenden Hosen durchmachen, verringert
sich ihr Tascheninhalt ganz von selbst, ja, es ist ihnen
noch nicht einmal mehr möglich, im Sitzen das Ta-
schentuch aus der Hosentasche zu angeln – sicher auch
ein Grund, weswegen bei Teenagern so oft die Nase
hochgezogen wird.

Der in späteren Jahren korrekt gekleidete Herr gerät
in den Genuß einer wahren Fülle von Anzugtaschen,
was ihn von vornherein der ewigen Brillen- und Porte-
monnaiesuche enthebt – eine lästige Sache, die den
Frauen zeit ihres Lebens auferlegt ist. Der ordentliche
Mann, der vorschriftsmäßig jeden Tag den Anzug
wechselt – selbst wenn er nur zwei hat –, räumt all-
abendlich den Inhalt sämtlicher Taschen aus und legt
ihn an einen eigens hierfür bestimmten Platz; der unor-
dentliche hingegen entnimmt beim Anziehen nur rasch
das Notwendigste, weswegen der Inhalt seiner Jacken-
taschen mit der Zeit zu einem wahren Sammelsurium
wird. Dies hat schon Anlaß zu mancher Detektivarbeit
und manchem Krach gegeben, denn, wie wir alle wissen, geraten pflichtbewußte Frauen beim Ausbürsten
der Taschen oder ähnlichen lobenswerten Tätigkeiten
unversehens an den Inhalt. Man kann nur verblüfft
sein, was manche Männer nicht in den nächsten Pa-
pierkorb geworfen haben, obwohl dies sicher empfeh-
lenswert gewesen wäre.

Durch Blazer oder Kostümjacke kommt natürlich
auch die Frau zu Taschen, und sie hat nun endlich ein
sicheres Gelaß für Brille oder Sonnenbrille. Leider aber
schließt das die bekannte Suche nicht aus, weil man
nach dem lästigen Gerät zunächst an den gewohnten
Plätzen forscht. Aber auch sonst erleichtern die vielen

schönen Taschen das Leben nicht unbedingt: Außer der Handtasche hat man nun noch mehr Plätze, wo man Fahrkarten, Reinigungszettel, Geldscheine, Autoschlüssel und Eintrittskarten hinstecken kann. Zugschaffner wissen davon ein Lied zu singen – begibt sich doch die elegante Dame zumeist in einer kleidsamen Jacke auf die Reise und hat dann bei der Kontrolle viele Möglichkeiten, nach dem Fahrausweis zu fahnden. Übrigens wird man hier oft vor die mysteriöse Tatsache gestellt, daß man das Gesuchte schließlich in einer Tasche findet, in der man nachweislich schon dreimal nachgeschaut hat.

Bei vielbenützten Taschen neigt das Futter dazu, eines Tages unten eine Öffnung zu bekommen, die das Funktionieren der ganzen Tasche entscheidend in Frage stellt. Während bei Hosentaschen der Inhalt verloren gegeben werden muß, treibt er sich bei den meisten Jacken- und Manteltaschen am unteren Ende des Gewandes herum. Natürlich nimmt man sich vor, den Schaden gleich zu beheben – aber Taschenflicken ist ein besonders lästiges Geschäft, genauso wie Ärmelfutter festnähen. Und so gewöhnt man sich daran, wichtige Dinge von geringen Ausmaßen auf der anderen Seite zu installieren. Übrigens soll schon hin und wieder ein im Jackenfutter weilendes Geldstück zum Retter in der Not geworden sein.

Und zum Schluß noch eine Frage in Sachen Gleichberechtigung: Warum haben weibliche Jacken fast nie eine Innentasche, wie sie für Männer obligatorisch ist?

Singe, wem Gesang gegeben ...

Wie mir berichtet wurde, erhob sich die fröhliche, aus alt und jung zusammengesetzte Besatzung eines aus dem Süden kommenden VW-Busses angesichts des Ortsschildes „Mantova" und stimmte feierlich zu Ehren des alten Andreas Hofer an: „Zu Mantua in Banden der treue Hofer war ...", und damit verließ auch schon die jüngeren Mitreisenden der Text. Zwei Senioren schafften noch die zweite Strophe und befinden sich seitdem fieberhaft auf der Suche nach der dritten, nämlich der, wo angeblich der Held die Augen verbunden kriegen sollte. Hier wurde einmal wieder offenbar, daß heute kaum noch ein Mensch dritte Strophen kennt. Und dabei gibt es doch dem Namen nach sehr wohlbekannte Lieder, die über zehn stattliche Strophen verfügen. Zum mindesten unsere Eltern – ganz zu schweigen von den Großeltern – sangen sie noch alle, und nach glaubhaften Zeugnissen auch ganz bestimmt ohne Liederbuch. Ist es da verwunderlich, wie sehr sich die alten Herrschaften mit Recht darüber alterieren, wenn etwa bei kirchlichen Weihnachtsfeiern sogar Zettel mit dem Text von „Oh, du fröhliche" oder „Stille Nacht" verteilt werden, weil auch hier der Gesang erfahrungsgemäß von Strophe zu Strophe immer dünner wird?

Das Fehlen der dritten Strophen macht aber dem

modernen Menschen nicht allzuviel aus: Er singt zumeist solo, wenn er überhaupt singt (es kann ja schon einmal sein, daß weder Radio noch Kassettenrekorder noch Plattenspieler in Betrieb sind), und da kommt es nicht so darauf an, wenn er ein bißchen improvisiert oder die letzte Zeile des ersten Verses auch bei Nummer zwei und drei verwendet. Auch läßt sich mit „Didadamtatata ..." und ähnlichen Schöpfungen manches überbrücken. Dies geht besonders gut bei moderner Schlagermusik, wo man dann nur an einigen Stellen „Monday, Monday" oder „Theo, wir fahrn nach Lodz" einzuflechten hat. Daß diese Soli hauptsächlich im Badezimmer produziert werden, ist eine altbekannte Tatsache, und der Mensch, der hier so richtig mit Gefühl und Begeisterung „Es waren zwei Königskinder ..." oder „Oh, what a beautiful morning" schmettert (trotz des unterschiedlichen Stimmungsgehaltes ist beides ein Ausdruck guter Laune), findet ganz in seinem tiefsten Inneren, daß es sich eigentlich richtig schön oder sogar ergreifend anhört, was er da produziert. Ja, er ist unter Umständen sogar so hingerissen, daß er das Zähneputzen, das jeder gesanglichen Darbietung ein natürliches Ende setzt, über Gebühr hinausschiebt. Auch lästige und langweilige Arbeiten wie Schuheputzen, Zimmeraufräumen und Bügeln können durch Gesang verschönt werden. Und als ich vor vielen Jahren in einer Fabrik eine unendlich sture Arbeit machen mußte, pflegten alle Mädchen immer wieder gemeinsam zu singen „Johnny hat Sehnsucht nach Hawaii ...", womit Johnny sicher recht hatte. Doch dies war schon besserer Chorgesang mit zweiter Stimme und mit einer Gruppe, die nur ausdrucksvoll summte.

Zweite Stimme singen zu können, ist eine Naturbegabung, mit der man heute viel weniger oft Eindruck machen kann als früher, weil eben zumeist nur jeder für sich singt. Bei den wenigen Gelegenheiten, wo dann doch einmal mehrere Leute gleichzeitig singend anzutreffen sind, erlebt man oft eine Überraschung, was man alles für Begabungen an Musikalität, Textkenntnis und Stimme unerkannt in seiner Mitte hatte. Manche können sogar richtig gut auf der Gitarre begleiten. Übrigens würde eine statistische Erhebung sicherlich ergeben, daß die weitaus häufigsten gesanglichen Übungen in etwas größerem Kreise nach Mitternacht stattfinden. Etwas enthemmt, ist man zu erstaunlichen Leistungen fähig. Ich erinnere mich da beispielsweise an einen mehrstimmigen Chor mit Dirigenten, der es zustande brachte, den Gefangenenchor aus „Nabucco" auf russisch zu singen – obwohl keiner der Anwesenden Russisch konnte (womit sich das Problem der dritten Strophe von selbst erledigte). Aber auch bei weniger erstaunlichen Leistungen fühlt man sich im Kreise Mitsingender merkwürdig verbunden und geborgen – selbst wenn man am nächsten Morgen so tut, als wäre es eigentlich etwas peinlich, mit diesen und jenen Leuten gemeinsam „Ade nun zur guten Nacht!" gesungen zu haben. Ein besonderes Kapitel ist das Singen im Auto, das einen im Duo, Quartett oder Solo über manch langweiligen Kilometer hinwegbringen kann. Hier kann man ganze Opern improvisieren, Sabinchen, das Frauenzimmer, aufleben lassen und mit Ausgrabungen wie „Wir tragen den Spaten in das Licht …" bei der jungen Generation große Heiterkeit erregen. „God save the Queen" und „Natalie" etwa bilden den internationalen Teil des Programms. Kinder übrigens lieben Handlung, weswegen für meine Kinder jahrelang das Lied „Als die Römer frech geworden …"

der begehrte Autobahn-Schlager war. Übrigens ein Lied, das wir Geschwister schon mit unseren Eltern auf langweiligen Reisen – und welche Reisen sind für Kinder nicht langweilig? – zu singen pflegten. Vielleicht beeindruckt es Sie, daß ich hiervon alle zwölf Strophen beherrsche!

Pausengespräche

Wenn man noch sehr jung ist, möchte man gern andere Leute beeindrucken, und wenn es sich bei den anderen Leuten um einen ansehnlichen jungen Mann handelt, wird dies Bestreben noch sehr verstärkt. So erinnere ich mich sehr genau an mein Bemühen in den letzten Minuten vor einer Theaterpause, mir etwas Tiefsinniges und Hochgeistiges zurechtzulegen, was ich spontan äußern wollte, wenn der Vorhang sich schließen würde. Aber die Sache erschien mir nicht so ganz einfach. Es war mir nämlich im Verlauf der ersten Halbzeit des Stücks nicht recht klargeworden, was eigentlich viele Leute an diesem Langweiler so wundervoll fanden. Ich beschloß also, zunächst einmal einen Moment ergriffen sitzen zu bleiben. Aber ehe ich irgendwelchen Tiefsinn loswerden konnte, hievte mich der Jüngling aus dem Sessel mit der ganz und gar nicht hochgeistigen Bemerkung: „Los! Sonst wird das Bier warm!" Und dann eilten wir ans Büfett.

So geht's eben oft in der Pause. Sei es im Theater, in der Oper oder im Konzert: Der eine verspürt das Verlangen, das soeben Gehörte noch einmal nachzuempfinden, und der andere empfindet stechenden Durst. Der eine möchte sich möglichst unauffällig auf die Suche nach irgend jemand begeben, von dem er annimmt, daß er auch da sein könnte, während der andere erstaunliche Umwege macht, um einem anderen Jemand nicht zu begegnen. Und während der eine sich durch die auf und ab promenierende Menschheit belästigt fühlt, tut der andere nichts lieber als Leute begucken. Da kann man nur von Glück sagen, wenn zwei Individuen von der selben Sorte die Pause zusammen verleben.

Manche Menschen laufen in der Pause wirklich zu großer Form auf. Das Emotionale, das Irrationale, das Geworfensein, die Adaption des Klassischen, die Verhangenheit der Holzbläser und der Rückgriff auf den italienischen Spätbarock bei der Stimmenführung machen uns klar, daß wir es mit Fachleuten oder zum mindesten mit den Lesern gehobener Kunstkritiken zu tun haben; und wenn man sich über etwas ganz begeistert äußert, können sie einen mit einem eher kühlen „So? Finden Sie?" abschmettern. Das hat übrigens zur Folge, daß viele Menschen zunächst einmal gar nichts sagen. Das kann später als Ergriffenheit, aber auch als Depression über das Gebotene gedeutet werden. Wenn sich dann aber jemand äußert, auf dessen Urteil sie glauben, sich verlassen zu können, dann stimmen sie beredt zu.

Für andere Leute ist die Pause eine Pause von jeder Kunst. Sie freuen sich, daß sie Grünewalds im Parkett entdeckt haben, wundern sich, was die wohl hierherführt, und verschwatzen mit ihnen die Pause sehr gemütlich über Grünewalds kranken Hund, die gemeinsame Klassenlehrerin der Kinder und das neueröffnete italienische Restaurant am Markt. Als Fachgespräch wird höchstens die Frage erörtert, warum es wohl immer so duster auf der Bühne war, und daß die Opernsängerinnen nicht mehr so dick sind wie früher.

Ist man ganz unter sich, gibt es natürlich von eh und

je her Meinungsverschiedenheiten in der Pause auszutragen. Der eine ist ungeniert eingeschlafen, der andere beschwert sich, daß man ihn mit falschen Versprechungen hierher geschleppt hat. Wieder einer nennt zum Entsetzen seiner Begleitung die neue bahnbrechende Inszenierung „kalten Kaffee" oder aber er erweckt tiefes Mißtrauen dadurch, daß er sich dauernd suchend umschaut. Manchmal gibt es auch durch den Inhalt des Bühnenstückes Gedankenverbindungen, die im Herzen mancher Zuschauer zu ausgesprochener Bitterkeit führen, so daß die dazugehörigen Partner sich plötzlich nichtsahnend in Ungnade befinden. Eine ergreifende gesprochene oder gesungene Klage über Treulosigkeit etwa hat besonders oft diesen Nebeneffekt.

Nur selten verlebt man die Pause an einem Fleck. Meist wandelt man umher, steht Schlange an der Getränkebar, drängelt sich um ein belegtes Brötchen oder spaziert einfach auf und ab. Manchmal muß man auch in die Kühle des Abends hinaustreten, weil andere rauchen wollen, wobei meist die andern das Wärmere anhaben. Und da wäre auch noch ein weiteres interessantes Pausenthema: Dies oder jenes Kleid, diese oder jene alternative Herrenaufmachung kann besprochen werden, ja, für viele Besucher ist es ein bevorzugtes Thema. Und die Frage, ob es zu beklagen oder zu begrüßen ist, daß Jeans Eingang in die Musentempel gefunden haben, läßt sogar kulturpolitische Betrachtungen von einiger Brisanz zu. Das ist natürlich beim Silberlamékleid einer mehr als üppigen Blondine nicht der Fall. Peinlich nur, wenn ins Gespräch darüber jemand hineinplatzt, der so hingerissen von der Kunst ist, daß er ein so banales Thema wie einen Guß kalten Wassers empfindet.

Schlafz. Birke pol. günst. z. verk.

Es kann schon einmal geschehen, daß man am Abend gemütlich zeitunglesend in einem Sessel sitzt und dabei so müde wird, daß es ziemlich lange dauert, ehe man die Energie gesammelt hat, die man braucht, um aufzustehen und sich ins Bett zu begeben. Dann kommt es vor, daß man die Zeitung von A bis Z studiert, ohne den 95. Geburtstag der ältesten Einwohnerin eines Stadtteils, in den man nie kommt, den prämierten Kanarienvogel oder den etwa zweihundertsten grundlegenden Artikel über die Situation der heutigen Jugend auszulassen; und schließlich gerät man über die Anzeigen. Wie bunt ist doch das Leben! „Schmusekätzchen grüßt Hasemann" und „Teddybär dankt seinem Täubchen für drei kuschelige Jahre!" Offenbar hat man in der Tierwelt Kommunikationsschwierigkeiten, sonst brauchte man doch nicht per Inserat miteinander zu verkehren. Vielleicht sollen aber auch Schmusekätzchens Freundinnen und Teddybärs Freunde neidisch werden, wenn sie die Zeitung lesen, weil vielleicht ihre Partner noch nie so etwas ins Blatt gesetzt haben. Wer weiß? Man würde gern herauskriegen, was für Leute wohl dahinterstecken, auch hinter den „vier Mäusen", die ihrer „nimmermüden Oma zum Achtzigsten gratulieren", und hinter dem „Murkel", der nur lapidar „Guten Morgen!" (wem auch immer) wünscht.

Die vollen Namen hingegen findet man bei Familienanzeigen und ist immer etwas enttäuscht, wenn man darin keine Menschenseele entdeckt, die man kennt – oder war etwa die Leidtragende Maria, geb. Fischer, die Ria Fischer aus der Grundschule? Dafür findet man zwei Schwestern, die zwei Brüder heiraten, und dazu noch in Valparaiso, eine Familie mit fünf Töchtern, die sich über die glückliche Geburt des zehn Pfund schweren Benvenuto freut, und einen besonders fortschrittlichen Vater, der die Geburt seiner Tochter Joyce anzeigt, ohne eine kleine Nebensächlichkeit wie die Mutter auch nur zu erwähnen. Daß es ohne Vater geht, haben wir längst zur Kenntnis genommen – aber ohne Mutter, das ist neu!

Bei der Lektüre der Wohnungsanzeigen glaubt man, in einem anderen Land zu leben, denn Wohnungen herrlichster Art werden in rauhen Mengen angeboten und Häuser kann man offenbar nahezu ohne Geld ganz billig kaufen – man darf nur nicht rechnen können. Und was man alles „umständehalber" beinah geschenkt bekommen kann, ist erstaunlich. Man kann nur hoffen, daß die Umstände bei dem zweijährigen Neufundländer nicht darin bestehen, daß er Teppiche zernagt, und bei dem Maserati mit Luxusausstattung, daß dieser ein fleißiger Werkstattbesucher ist. Und steckt vielleicht ein trauriger Roman dahinter, wenn jemand ein „Eheschlafzimmer, Birke poliert" auf den Markt wirft, oder sind sie nur die polierte Birke leid? Daß da einer sein handgeschnitztes herrschaftliches Eichenbüfett (2,50 m) loswerden will, kann man verstehen, aber warum will er auch gleich seinen Anrufbeantworter verkaufen?

Menschliche Abgründe tun sich auf, wenn man liest, daß der Unhold, der in der Nacht vom 22. auf den 23.

den weißen Opel-Manta gestohlen hat, erkannt ist und sich schleunigst melden soll. Wie schrecklich für ihn, wenn er seine Entdeckung als Kleinanzeige lesen muß! Sicher wird er gleich ans Telefon eilen! Im Anzeigenteil findet man sie immer wieder, die „erkannten" Verbrecher. Ob es sich um gestohlene Kaninchenzuchtböcke, Motorräder oder Weinkisten, um angefahrene Autos, ausgegrabene Rhododendronbüsche oder umgefahrene Zäune handelt – die edlen Geschädigten geben dem erkannten Täter eine faire Chance, sich freiwillig zu melden.

Gern würde ich wissen, wie hoch hierbei die Erfolgsquote ist. Ob wohl die Blondine, die von Bad Godesberg nach Ohligs reiste und von ihrem Abteilnachbarn um ein Wiedersehen gebeten wird, auch am richtigen Tag diese Zeitung von A bis Z studiert und auf die Anzeige stößt? Nicht immer ist das Schicksal den Liebenden offensichtlich gnädig, wie eine weitere Anzeige ahnen läßt: „Helle, habe von 9 Uhr 15 bis 11 Uhr 45 auf dem Bahnhof gewartet." Man sieht den Ärmsten förmlich, wie er unter der Uhr steht, die Blumen welken und er wird immer bekümmerter. Allerdings wissen wir alle längst aus Krimis, daß die Anzeigen zuweilen ganz etwas anderes, Kriminelles, bedeuten. Das gibt dem Schlafzimmer in polierter Birke, dem Maserati und dem mutterlosen Säugling unter Umständen einen geheimnisvollen Sinn, den nur Gangster und Polizisten richtig deuten können. Wir dagegen verstehen auf Anhieb, was es soll, wenn da steht: „Holger, melde mich hiermit ab! Sylvia!"

Wer hat uns denn da wieder geschrieben?

Eigentlich ist es immer schön, Post zu bekommen! Man findet ein ganzes Paket Briefe im Kasten und kehrt erwartungsvoll damit ins Haus zurück. Aber leider stellt sich dann zumeist heraus, daß die Freude ganz – oder wenigstens zum größten Teil – unbegründet war, denn was man nun vorfindet, ist wirklich nicht unbedingt dazu angetan, einen glücklich zu machen: Da kommt die Telefonrechnung und eine Mahnung wegen 3000 Litern teuren Heizöls, die man aber, wie es in einem Nachsatz heißt, als gegenstandslos betrachten soll, weil man schon bezahlt hat, dann ist da noch eine Karte von sehr entfernten Verwandten, die einem offensichtlich nur schreiben, damit man auch bemerkt, daß sie sich am Nordkap befinden oder befunden haben, die Stadt teilt einem zuvorkommenderweise mit, daß am nächsten Dienstag für drei Stunden das Wasser abgestellt wird, und ein Knabe bedankt sich vermittels einer fein gedruckten Karte auch im Namen seiner Eltern für alle Grüße, Wünsche und Gaben anläßlich seiner Konfirmation. Aber das ist natürlich noch nicht alles. Tagtäglich kommt einem außerdem noch Post ins Haus geschneit, die einem, wenn man nur die Chance zu nutzen weiß, die prachtvollsten Möglichkeiten eröffnet.

Ein Hamburger Geschäft bietet einem wirklich sensationelle Ausverkaufsgeschenke, die nur den Nachteil haben, daß man sie nahezu fünfhundert Kilometer von hier entfernt kaufen müßte. Dagegen ist es natürlich sehr viel einfacher, in den Genuß einer garantiert verjüngenden und verschönernden kosmetischen Behandlung hier in der Nähe zu kommen, wofür ein Gutschein über fünf Mark beiliegt. Oder es wird einem zunächst brieflich jedes mögliche drohende Unglück ausgemalt, wobei man aber bei der weiteren Lektüre dieses finsteren Schreibens dadurch getröstet wird, daß sich alles durch eine günstige Versicherung auf das beste regeln läßt. Man erhält beispielsweise das höchst interessante Angebot, vermittels eines Fernkurses mit zahllosen Anerkennungsschreiben zu einem Erfolgsschriftsteller oder wenigstens Journalisten ausgebildet zu werden, und, falls man darauf keinen Wert legt, verspricht einem ein anderes Schreiben (mit dem Vermerk: „persönlich"), daß man spielend leicht eine Fremdsprache seiner Wahl, den Beruf eines Heilpraktikers, eines doppelten Buchhalters oder eines Managers erlernen kann. Auch wieder ganz persönlich – so daß man sich schon direkt bevorzugt und geschmeichelt fühlt – wird einem ein Lotterielos, mit dessen Hilfe man die Finanzierung eines Eigenheims schon nahezu fest in der Hand hat, angeboten. Man muß das Los nur rasch bezahlen. Gewiß verdienstvolle wohltätige Organisationen pflegen einem Postanweisungen ins Haus zu schicken, was sicher gut und richtig ist. Verblüfft ist man nur manchmal über die Geschwindigkeit, mit der eine neue Postanweisung ins Haus geflattert kommt. Es gibt kaum eine Behörde, ein Geschäft oder eine Person, die so zuverlässig postwendend reagiert!

Wie beglückend ist es, immer wieder festzustellen, wie wildfremde Menschen um unser Glück und Wohlergehen besorgt sind und uns in diesem Sinne schreiben. Sie raten einem, urgesunden Honig, wohltätige Säfte oder aufbauende Dragees zu bestellen, und laden in einen Zirkel ein, in dem wir die entzückendsten Menschen kennenlernen werden. Natürlich handelt es sich, wie man dem weiteren Verlauf des Schreibens entnimmt, mehr um eine Aufforderung als um eine Einladung. Aber es gibt auch ganz fremde Leute, die einen wirklich einladen – zu Kaffee und Kuchen und einer Omnibusfahrt. Aber damit nicht genug: Man wird noch ein halbes Pfund guter Butter oder so etwas als Geschenk erhalten, und ein aus Film und Fernsehen bekannter Künstler wird dazu singen. Und um die Güte zu vervollständigen, wird man uns auch noch mit einer Neuheit bekannt machen, die wir nach einem interessanten Vortrag erwerben können. Man hat wirklich allen Grund, gerührt zu sein!

Nach solchen beglückenden Angeboten ist es geradezu erfrischend, wenn man auch einen Brief vorfindet, in dem man ein wenig streng gemahnt wird, trotz der fortgeschrittenen Jahreszeit noch immer nicht den geliehenen Skipullover zurückgeschickt hat.

Die Engel des Wilden Westens

Daß Amerika ein großes und mächtiges Land geworden ist, kann einen überhaupt nicht wundern, wenn
man mit einiger Regelmäßigkeit Westernfilme sieht.
Zunächst sind da einmal die starken, todesmutigen
Männer, denen man dort auf Schritt und Tritt begegnet – aber denen begegnet man schließlich in den ganz
anders gearteten Kreisen der Gangster, der Seeräuber,
der Ivanhoe-Ritter, der Unterwasserforscher, der
Weltkrieg-II-Krieger, der Piloten und Feuerwehrleute,
die man in anderen Filmen antrifft, auch. Vor allem die
Frauen sind es, die im Wilden Westen so imponierend
waren, daß einfach etwas aus dem Land werden mußte.
Diese Mischung aus Tüchtigkeit, Anständigkeit und
Schick ließ von Anfang an zu den schönsten Hoffnun-
gen berechtigen.

Man stelle sich nur einmal vor: Da lebt so eine junge
Frau, Tochter oder Schwester an der Seite ihrer Männer unter ständigen Entbehrungen und Gefahren – entweder auf der Suche nach Land oder im Begriff, neues
Land urbar zu machen oder urbar gemachtes Land gegen Indianer, Viehdiebe, Landspekulanten, reaktio-
näre Viehzüchter und so weiter unter Lebensgefahr zu
verteidigen. Wenn Sie aber nun etwa glauben sollten,
daß sie dies alles nicht in gutsitzenden Blusen täten,
kleidsam frisiert und – je nachdem – in flotten Hosen

(selbst, wenn sie sie in höchster Not irgendwo auslei-
hen, kriegen sie immer flotte zu fassen) oder hübschen
wallenden Röcken mit Pettycoats – so haben Sie die
Damen sehr unterschätzt. Von den Blusen der Damen
im Wilden Westen könnte sich mancher Konfektionär
eine Scheibe abschneiden. Vor allem, wenn man bedenkt, daß sie der Lage der Dinge nach ja wohl mit eigener Hand genäht sein müssen, ganz zu schweigen
vom Waschen und Bügeln.

Aber viele der Damen haben nicht nur äußere Reize:
In den finstersten Momenten verstehen sie es, ihren
Männern tapfer zuzulächeln, ihnen ein neugeladenes
Gewehr zu reichen, ihren Söhnen (auf Grund schon
damals fortschrittlicher Geburtenplanung haben sie
fast immer nur einen) menschlich schöne, moralisch
einleuchtende Gedanken zu vermitteln und allen Fein-
den, sei es, daß diese es auf das Land, sei es, daß sie es
auf die Tugend abgesehen haben, mit größter Stand-
haftigkeit zu begegnen. Ganz selten treffen wir – dies
muß leider eingeräumt werden – allerdings auch auf
jene, die sagen: „Laß uns aufgeben, Joe! Die anderen
sind stärker als wir. Nie werden wir hier Frieden finden, und Klein Joey soll doch im Frieden ein Mann
werden ..." oder so. Bloß kommen sie trotz frischer
Bluse mit diesem Defätismus nie durch, und wenn es
dann denn sein muß, laufen auch sie zu großer Form
auf.

Mit zunehmendem Alter läßt zuweilen das gepflegte
Aussehen ein wenig nach, aber der Charakter wird immer besser. Die Wildwest-Matronen sind einfach
Klasse. Als gestandene Veteraninnen vergangener
Trecks, Viehdieb- und Indianerschlachten sind sie
noch weniger zu erschüttern als ihre erwachsenen Hel-
densöhne (da ihnen offenbar noch nichts von Gebur-

tenplanung bekannt war, haben sie fast immer mehrere). Und selbst in den schlimmsten Situationen mangelt es ihnen nie an Kaffee und Apfelkuchen, einer kompletten Hausapotheke, aufbauenden Sprüchen und Erinnerungen an noch unangenehmere Situationen und an einen Vater, Bruder oder Großvater, der jetzt auch nicht aufgegeben hätte, leider aber schon unter der Erde weilt. Daß sie außerdem noch für die jüngeren Damen handfeste Ratschläge für das Einfangen der rauhen Helden auf Lager haben, die garantiert in den Ehestand führen, sei nur am Rande bemerkt.

Damit der Damenflor nicht allzu eintönig wird, gibt es aber auch noch die, die modisch-keck gewandet aus den Postkutschen steigen. Die einen von ihnen kommen von Verwandten oder aus einer Mädchenpension in den Wilden Westen zu schon arrivierten Wildwestlern und geraten natürlich sofort in irgendeinen Schlamassel, in dem sie zeigen können, was in ihnen steckt. Die anderen aber kommen aus dem Gegenteil eines Mädchenpensionats und treten ein Engagement als Sängerin oder Bardame im Saloon an. Es ist erstaunlich, was für Spitzenkräfte in diesen Saloons engagiert gewesen sein müssen. Und wenn die jungen Damen auch finanziell auf dem letzten Loch pfeifen – ihre Kleidung ist erlesen und auch nie auf langer Postkutschenfahrt in den Koffern zerknautscht. Da es im Wilden Westen hochmoralisch zugeht, haben in der Regel nur die eine echte Chance auf ein dauerhaftes Glück mit einem Siedler, Sheriff oder sonst einem charaktervollen Menschen, die in Wirklichkeit anständige Mädchen geblieben sind, obwohl der Anschein zunächst gegen ihre Tugend spricht. Davon gibt es eine ganze Menge, was auch von ihrer Charakterfestigkeit zeugt. Diejenigen, die, obwohl entzückend anzusehen und im

Grunde gut, dennoch unter die Räder gekommen sind, haben aber immer noch die Chance, die Helden aus Todesnot zu retten oder wenigstens unter eigener Lebensgefahr zu warnen, da sich das Übel sehr oft in ihrem Saloon zusammenbraut. Manchmal gelingt es ihnen, ein vertanes Leben mit einem schönen Opfertod zu beschließen, manchmal müssen sie aber auch mit tapferem Lächeln zusehen, wie der Gerettete mit einer taufrischen Mädchenblüte abzieht. Immerhin ist auch dies in der Regel sehr beeindruckend.

Daß sich eine Gegend, wo selbst die leichten Mädchen so schwerwiegende Qualitäten hatten – von allen anderen jungen und älteren Weiblichkeiten ganz zu schweigen –, aufs Schönste entwickeln mußte, wird also jedem klar, der nur genug Wildwest-Filme ansieht.

Sorgen mit den Eltern

Zu den allerersten Themen, über die sich der Mensch unterhält, gehören, soweit es sich um Personen handelt, die Eltern. Was die Mami erlaubt und der Pappi verbietet (oder umgekehrt) und was der Pappi alles kann und hat und die Mami alles weiß und tut, das wird unter Umständen schon in der Sandkiste beim Kuchenbacken und Löchergraben besprochen. Später gibt es dann interessantere Themen: Lehrer, Freunde und Freundinnen, Liebesgeschichten, Ehe und Kinder, Beruf und Politik ... Und dann auf einmal, wenn die Sandkastenspieler die mittleren Jahre erreicht haben, sind es wieder die Eltern. Aber nun geht es nicht mehr um eitel Ehrfurcht und Bewunderung, sondern um größere und kleinere Probleme, die allein dadurch entstehen, daß der Mensch alt wird. Mit verklärtem nostalgischen Blick bekommt man immer die längst vergangene Großfamilie vorgehalten, wo Oma und Opa von allen geehrt und geliebt weise Ratschläge erteilten, Strümpfe strickten, Enkelkinder hüteten und einen ruhenden Pol im geschäftigen Alltag bildeten.

Wenn es wirklich so war, muß es himmlisch gewesen sein – aber dann haben sich ganz gewiß nicht nur die jetzt so egoistischen Söhne und Töchter geändert, sondern auch die Eltern, oder sagen wir einmal vorsichtig: manche von ihnen. Meine eigene, sehr liebe Mutter kann ich mir mit dem besten Willen nicht als ruhenden Pol vorstellen. Sie kam nie ohne die Aufforderung „Mach dir nur ruhig Umstände" ins Haus, wo sie dann mit Energie und Temperament nach dem Rechten sah, wobei es nicht ohne Beanstandungen und Reformvorschläge abging. Andere Mütter (und Schwiegermütter), so ergab es sich im Gespräch, bestehen auf ständiger Unterhaltung und fassen es als einen Fall grober Mißachtung auf, wenn man in ihrer Anwesenheit zu einem Buch oder einer Zeitschrift greift; sie sammeln im Garten Fallobst auf und verlangen, daß man es schleunigst verwertet, sie beklagen den Verfall der Sitten einer Zeit, wo die jungen Mütter weder Windeln waschen noch Breichen selbst kochen, und sie können die Geduld aller Anwesenden auf harte Proben stellen, indem sie endlose Geschichten von den Verwandten und Bekannten ganz fremder Leute erzählen.

Und dann müssen noch täglich – wenn man vom Nachmittagskaffee absieht – drei nahrhafte Mahlzeiten (mit Nachtisch) serviert werden, was manchen Diätplan völlig über den Haufen wirft, so daß man – wie einstimmig zu diesem Thema berichtet wurde – den lieben Eltern bei ihrer Abreise drei bis sechs unerwünschte Pfunde anlasten müßte. Übrigens waren auch im Gegensatz zu ihren vielgerühmten Vorfahren nicht alle aufs Kinderhüten so richtig versessen. Manche wollen statt dessen ganz einfach ihre Ruhe haben. Nun bin ich natürlich völlig sicher – denn wo gibt es keinen Familienklatsch? –, daß auch die alten Herrschaften eine ganze Menge an uns auszusetzen haben. Und das mit vollem Recht. Aber man muß sich leider von der Vorstellung frei machen, daß alle alten Leute milde, gütige, abgeklärte Greise sind, die unter der Härte der Mitmenschen leiden. Sie können diese Mitwelt manchmal ganz schön tyrannisieren, und die Großmutter, die mit ihren „Zuständen" die ganze Familie beherrscht, oder den Großvater, der bis ins höchste Alter durch den Familienbesitz längst erwachsene Söhne unter dem Daumen hält, hat es in der guten alten Zeit ganz gewiß schon gegeben. Auch der „Nöckergreis" ist keine Erfindung unseres Jahrhunderts.

Und so sitzt man dann mit Gleichaltrigen zusammen und bespricht alle die Probleme, die sich unter anderem auch daraus ergeben, daß man keine Großfamilie mehr hat und ist. Wie einst, als es tröstlich war, wenn die Kinder der Freundinnen auch schlechte Zeugnisse hatten, so tut es gut, einmal auszusprechen, daß der so sehr geliebte Vater plötzlich merkwürdige Anwandlungen von Geiz zeigt, daß die Mutter voller Starrsinn den vom Arzt verschriebenen Stock zu Hause läßt, daß die Schwiegermutter einen dadurch nervt, daß sie jeden Abend fragt: „Was kochst du uns denn morgen Schönes?" und, auf lautlosen Pantoffeln gehend, immer plötzlich im Raume steht, oder daß der Schwiegervater nach einer offensichtlich erfolgreichen Regenerationskur nun eine etwas undurchsichtige Dame ehelichen will. Und die Altersheime, ach ja! Man tauscht Adressen von solchen, wo es angeblich ganz fabelhaft sein soll, und hört begierig von alten Leuten, die sich dort so richtig wohl fühlen. Aber ein bißchen schlechtes Gewissen ist immer dabei.

Allerdings sollte man auch bedenken, daß es eine Menge alter Herrschaften gibt, die schon bei ihren Kindern wohnen, aber auch solche, die eben dies um die Welt nicht wollen!

Marmeladekochen ist so kreativ!

Es ist noch gar nicht so lange her, daß man glaubte, sich für die doch löbliche und nützliche Tätigkeit des eigenhändigen Marmeladekochens entschuldigen zu müssen. Strengblickende Geschlechtsgenossinnen rechneten einem vor, daß der Einkauf von Zucker und Früchten, der Strom und die wertvolle Arbeitskraft teurer kämen als die Erstehung der gleichen Marmelade im Geschäft. Der bescheidene Hinweis, die selbstgekochte Marmelade schmecke einfach besser, wurde als Aberglaube abgetan, denn, so bewies man, in den Fabriken seien hochbezahlte Fachkräfte am Werke, mit denen sich der Laie auf keinen Fall messen könne. Es war hoffnungslos, wahrheitsgemäß zu berichten, daß man die Einkocherei einfach gern betriebe – das herrliche Gefühl, einen Korb voll wohlgefüllter Gläser in den Keller zu tragen! Einem Menschen, der Bücher las, konnte es doch einfach keinen Spaß machen, Kirschen zu entsteinen; und so erfand ich dann – ich wollte ja schließlich auch kein bemitleidetes Hausmuttchen sein – den geschenkten Korb Sauerkirschen, den man ja schließlich nicht schlecht werden lassen konnte, das Verlangen nach einem ganz bestimmten Familientraditionsgelee, die Johannisbeerschwemme im elterlichen Garten oder gar die aufopferungsvoll gesammelten Brombeeren der Kinder.

Heute hingegen sieht man die Sache in einem ganz anderen Licht. Zunächst einmal ist Großmutter wieder „in". Man stellt ihr Bügeleisen als Nippes und ihre Kaffeemühle als Zierde auf und häkelt Gardinen mit Schwänen. Ich erinnere mich übrigens noch ziemlich genau an die Zornesausbrüche meiner sehr temperamentvollen Großmutter, wenn der Bolzen in dem jetzt so geschätzten Eisen schon wieder kalt war, später dann an ihre helle Freude über ein elektrisches Bügeleisen – und wenn ihre Marmelade gewiß herrlich schmeckte, so war doch trotz in Rum getauchter Deckblättchen der Schimmel obenauf nahezu obligatorisch (er wurde übrigens, so gut es ging, entfernt und war kein Grund, die Konfitüre nunmehr zu verschmähen). Ganz gewiß auch pflegte sie Früchte und Zucker so lange zu kochen und zu rühren, bis auch das letzte Vitamin seinen Geist aufgegeben hatte. Aber was bei Großmutter eine notwendige Vorratshaltung war, das ist bei uns heute kreativ.

Obwohl meine Großmutter eine gebildete Frau war, bin ich gar nicht sicher, ob sie dies Wort überhaupt kannte. Und wenn, hätte sie es bestimmt nicht mit ihrer Bereitung von Pflaumenmus in Zusammenhang gebracht. Heutzutage ist das anders: In jedem Glas Marmelade haben wir uns schöpferisch verwirklicht, und dafür sind wir fraglos zu loben. Deshalb werden auch die Erzeugnisse immer raffinierter: Da gibt es nie dagewesene Kombinationen von Früchten – mit Vorliebe auch exotischer Natur – und Zimt, Ingwer, Vanille nebst anderen Gewürzen, Whisky, Rum und teure Liköre veredeln die Kreationen, so daß es sehr undankbar ist, wenn primitive und unwissende Männer angesichts solcher Schöpfungen von Großmutters schlichtem Apfelgelee schwärmen.

Jedoch mit der Marmelade ist es nicht getan. Wenn man vor Jahren noch den Nachmittagsgast am besten mit „Konditorkuchen" ehrte, so backen wir jetzt wieder selbst – auch hier angeblich nach Großmutters Rezepten. Wozu allerdings gesagt werden muß, daß Großmutter und Großvater offenbar wahre Pferdemägen hatten und uns ihre echten Rezepte wohl gewisse Beschwerden verursachen würden, weswegen wir unserer zarteren Konstitution zuliebe eher angepaßte Exemplare backen. Es gilt selbst unter mehr intellektuellen Damen überhaupt nicht mehr als spießig, Backrezepte auszutauschen. Die Fragen, ob man den Boden für die ganz besonders kreativ empfundene Apfeltorte kurz vorbacken soll oder wie lange die Korinthen in Rum zu tauchen sind, kann man getrost diskutieren.

Aber nicht genug mit Kuchen und kleinem Gebäck. Es ist auch wieder gang und gäbe, sein eigenes Brot zu backen, was schon Großmutter im allgemeinen nicht mehr tat. Das eigene Brot ist natürlich etwas ganz besonders Feines: Man fühlt sich der Natur und dem einfachen Leben sehr viel näher, wenn man die duftenden Brotlaibe aus dem eigenen Infrarotbackofen zieht. Wie gut, daß es die Zutaten zum einfachen Leben fertig abgepackt in der Lebensmittelabteilung des Warenhauses zu kaufen gibt!

Leider kann man Kreativität nur beweisen, indem man schöpferisch tätig wird. Deswegen ist etwa Fußbodenwischen, Fensterputzen und Wäschebügeln nicht kreativ, sondern blöde Hausarbeit – wie früher Backen und Einmachen. Schade!

Nebenan wird schon wieder gegrillt!

Es gibt Balkons, die kann man getrost echten Kunstwerken zurechnen: Kaskaden von rankenden Blumen, eindrucksvolle Palmen- und Oleandertöpfe von nicht geringer Größe, eine Möbelausstattung, die jeder Zeitschrift für schönes Wohnen zur Ehre gereichen würde, mit farblich genau abgestimmten Textilien, Tassen, Tellern und Windlichtern. Und mittendrin die Besitzer, die mächtig stolz auf ihre Schöpfung sind. Mit einer solchen Schöpferin stand ich neulich auf der Straße und betrachtete das Gesamtkunstwerk von unten. In ohnmächtigem Zorn wies sie mir den Nachbarbalkon, der von gleicher stattlicher Größe war. Aber nur ein paar sichtlich verdurstende Petunien und eine schlappe Wäscheleine mit ein paar einsamen Klammern zierte ihn: „Die Frau hat den Waschzwang! Es gibt nur einen Mann im Haus, aber täglich hängen da zwei Nylonhemden! Außerdem trocknet sie jeden Morgen alle Handtücher und ihre unappetitlichen Spüllappen draußen ..." Woraus klar ersichtlich ist, daß man in das Alltagsleben eines Balkonnachbarn gewisse Einblicke tun kann und daß das Verbot, in allen „besseren" Häusern auf den Balkons keine Wäsche zu trocknen, bei weitem nicht immer eingehalten wird – sehr zum Ärger der schönheitsdurstigen Nachbarn. Auch sonst kann es allerlei Balkonärger geben: Statt der klaren Abendluft

dringt blauer Rauch vermischt mit kräftigem Brat-
wurstduft in die Lungen, von rechts oben klingt die
musikalische Bitte um „Ein bißchen Frieden" ans Ohr,
während man es unten links mehr mit Tschaikowskys
Klavierkonzert hat, was zu loben wäre, wenn es sich
nicht offensichtlich um die einzige Platte handelte, die
unten links besitzt, und das unüberhörbar seit geraumer Zeit. Das niedliche Kleinkind über uns gräbt in Er-
mangelung einer Sandkiste mit einem Suppenlöffel in
den Blumenkästen und befördert die gute tiefschwarze
Blumenerde nach unten auf den Binsenteppich. Wie
schade, daß das fleißige Kind nicht über der Dame mit
dem Waschzwang angesiedelt ist, zumal es auch dort-
oben leidenschaftlich mit Wasser hantiert. Auf den
Hund übrigens, der vor allem zu kalter Winterszeit
aufgefordert wird, den Balkon als Toilette zu benutzen
– Herrchen gibt sich mit entsprechenden lautmalenden
Geräuschen viel Mühe, ihm den Zweck des Hinausfüh-
rens klarzumachen –, wollen wir lieber nicht näher ein-
gehen. Er ist sicherlich – hoffentlich – eine Ausnahme.

Im allgemeinen sind hierzulande die Balkons und
Terrassen der Häuser so gebaut, daß man sich schon
sehr weit vorbeugen muß, um bei den Nachbarn hin-
einzuschauen – und welcher wohlerzogene Mensch tut
das schon, zum mindesten, wenn er sich vergegenwär-
tigen muß, daß ihn einer dabei sieht? Weil man optisch
so voneinander getrennt ist, vergißt man leicht, daß das
zumeist akustisch nicht der Fall ist. Und so besteht
durchaus die Möglichkeit, daß das, was auf dem einen
Balkon diskutiert, geklatscht, gestritten, geklagt und
gealbert wird, vollständig an das Trommelfell eines
still und einsam auf dem Nachbarbalkon sonnenbaden-
den Mitmenschen gelangen kann. Die Entscheidung,
ob und wann sich dieser räuspern oder einen Gegen-

stand fallen lassen soll, ist manchmal schwierig. Und durch die verschreckte Stille danach spürt man förmlich, wie sich nebenan geniert wird.

Natürlich gibt es auch freundliche Balkonkontakte. Eine Unterhaltung, bei der man links und rechts von der trennenden Wand, die Arme auf das Gitter aufgestützt, den Oberkörper vorgebeugt, die Lage bespricht – und zwar sowohl die Wetterlage als auch den Zustand der Geranien und Pelargonien, die Reellität der Heizkostenabrechnung und das soziale Verhalten der übrigen Hausbewohner –, kann informativ und anregend sein und ist zudem viel unverbindlicher als ein Besuch in der Wohnung. Man braucht nur den Kopf einzuziehen, um das Gespräch zu beenden, wofür man eine Menge Gründe, die sich tatsächlich oder angeblich hinter einem abspielen, aufführen kann: Schon als Kind spielten wir ein „Uhrenverkaufen" genanntes Spiel, bei dem man auf dem Höhepunkt des Geschehens mit dem Schrei „Meine Milch kocht über!" mitsamt der Uhr davonrannte. Auch tätige Hilfe ist von Balkon zu Balkon möglich. Die bekannte Tasse Mehl wechselt hinüber, die leere Packung des Blumendüngers, der so herrliche Erfolge zeitigte, wird nach nebenan gereicht, und der einsame junge Mann fragt bei seiner in ihrem Bikini sehr überzeugend wirkenden Nachbarin an, warum wohl seine Kartoffelpuffer in der Pfanne kleben.

Es ist durchaus möglich, daß er nach eingehendem Gespräch den Balkon wechselt!

Haben Sie schon mal
mit Erfolg reklamiert?

Meine allererste Reklamation war ein Fehlschlag. Von mühsam erarbeiteten Groschen – ich hatte Millionen Raupen von Stachelbeerbüschen abgesammelt – konnte ich mir einen Herzenswunsch erfüllen, den die Erwachsenen aus geschmacklichen Gründen ablehnten: ein herzbeklemmend süßes, ganz kleines Babypüppchen im rosa Körbchen mit winzigem Fläschchen und Schnullerchen, das man in das eigens hierfür geöffnete Mündchen stecken konnte. Voller Seligkeit packte ich das Baby zu Hause aus (sowohl Bettdecke als auch Kopfkissen, Schnuller und Fläschchen waren angenäht), und zu meinem Entsetzen entdeckte ich, daß ein Beinchen lose im Bett lag und auch das andere bedenklich an einem zu langen Gummi schlotterte. Das Herz voll Kummer und Empörung trabte ich zurück in den Laden, wo mir die vorher sehr freundliche stramme Blondine nun sehr unfreundlich klarmachte, daß ich erstens das Baby selbst zerstört hätte, daß ich zweitens für den Preis keine Handarbeit verlangen könnte und daß sie drittens etwas Besseres zu tun hätte, als sich mit solchen Lappalien aufzuhalten. Von meinen heißen Tränen gerührt, hat dann daheim ein lieber Onkel die Beinchen befestigt, aber zwei unschöne Gummibandknötchen an den Außenseiten der sonst makellosen niedlichen Oberschenkel blieben bestehen ...

Erst neulich habe ich, zugegebenermaßen als Gelegenheitskauf, einen Pullover erstanden. Der war nach der ersten Wäsche mindestens zwei Nummern kürzer, dafür aber um genausoviel breiter geworden. Im Geschäft bekam ich nahezu die gleichen Argumente wie damals zu hören – nur das dritte Argument blieb aus, wohl weil die Verkäufer kein kleines Mädchen vor sich hatten.

Ganz offensichtlich muß es furchtbar schwierig sein, einzugestehen, daß es Waren gibt, die wirklich Mängel haben. Der eine Mangel verliert sich beim Tragen, der andere liegt am Stoff, der dritte ist in diesem Material immer vorhanden, den vierten sieht man kaum oder nur beim scharfen Hingucken (was nie einer tun wird), der fünfte geht garantiert bei der ersten Wäsche heraus, der sechste befindet sich in etwas, was die Geschäftsleitung verbietet zurückzutauschen, und den siebten, achten und neunten bildet man sich nur ein. Man ist wirklich völlig verblüfft, wenn einer Reklamation, wie es so schön heißt, „anstandslos" stattgegeben wird. Im allgemeinen ist es geradezu rührend anzusehen, wie Verkäufer und Verkäuferinnen um das Ansehen ihres Hauses zunächst einmal kämpfen, bis hinunter zu einem nicht funktionierenden Bleistiftspitzer. Übrigens bekommt man nach der allgemeinen Erfahrung angeschimmeltes Brot am problemlosesten ersetzt – wieso, weiß ich auch nicht.

Die Position des reklamierenden Kunden, die rechtlich einwandfrei, in der Praxis aber eher wackelig ist, erhält eine unerhörte Rückenstärkung durch die Garantie. Doch das verbriefte Recht auf eine Waschmaschine mit funktionierendem Weichspülmittelzugeber bringt einem noch nicht automatisch den Mann ins Haus, der die Weichspülmittelzugabe, die streikt, zum

Funktionieren bringt. Man hat zu telefonieren, vergeblich zu warten, erneute Enttäuschungen zu verkraften, wieder zu telefonieren und unter Umständen dem Widerwillen des Monteurs gegen unsere Maschine mit dem offensichtlich eingebauten Defekt Verständnis entgegenzubringen. Kampferprobte Menschen mit eisernem Durchstehvermögen erreichen nach monatelangen Reklamationen, vielleicht sogar unter Einsatz eines Rechtsanwaltes, die Lieferung einer neuen Waschmaschine; weniger willensstarke Naturen entschließen sich nach mehreren Monteurbesuchen zum Eingießen des Weichspülers im Handbetrieb.

Ähnlich kann es einem mit den funkelnagelneuen Auto aus einer offensichtlichen Montagsfertigung gehen. Es hat einen Defekt oder auch nur ein verdächtiges Geräusch, dem augenscheinlich nur schwer oder gar nicht beizukommen ist. Man wird zum ungern gesehenen Stammkunden der Werkstatt, wobei es noch erschwerend wirkt, daß dort die sonst nie funktionierende Tür plötzlich einwandfrei zu öffnen und zu schließen ist und das häßliche Geräusch eine seiner Pausen macht. Obwohl alle Autofachleute unter den Freunden einen bestärken, neigen die Werkstätten dazu, einen als Hypochonder einzustufen.

Übrigens möchte ich einmal wissen, wie viele Leute, denen in blumigen Anzeigen „bei Nichterfolg Geld zurück" versprochen wird, tatsächlich die Einhaltung geradezu atemberaubender Versprechungen reklamieren.

Alles gut gekühlt!

Bei meiner Großmutter befand sich dort, wo es in den Keller hinunterging, auf halber Treppenhöhe ein Regal, in dem man alle wärmeempfindlichen Eßwaren aufhob. Dieser Ort übte auf uns Kinder eine große Anziehungskraft aus. Käse, Wurst, rote Grütze, Pudding, Schinken, Kuchen ... all dies lockte zu einem Abstieg auf der Kellertreppe, und ich erinnere mich noch sehr genau an Großmutters Ruf: „Was macht ihr da eigentlich?" wenn sie unsere Tritte hörte, die sich, in der Mitte der Treppe stoppend, als ausgesprochene Fehltritte erwiesen. Wenn man in den Keller geschickt wurde, um einen Hammer oder ein Glas Marmelade zu holen, gehörte übermenschliche Willenskraft dazu, im Vorbeigehen nicht mit dem Finger in den Honigtopf oder die Puddingschüssel zu fahren, was in letzterer peinlicherweise untilgbare Spuren hinterließ.

Da ist es mit dem modernen Kühlschrank doch ganz anders: Einerseits ist er sehr viel unauffälliger aufzusuchen, andererseits hat man seinen Inhalt im Vorübergehen nicht stets verführerisch vor Augen, was aber dadurch wieder wettgemacht wird, daß er sich gewissermaßen ständig in Reichweite befindet. Der bequeme Griff in den Kühlschrank – und meist bleibt es nicht bei einem Griff – ist sicher einer der wichtigsten Gründe dafür, daß manches Kleidungsstück die Neigung hat, auf mysteriöse Weise immer enger zu werden.

Übrigens werden auch Kühlschränke immer enger. Zuerst hat man das Gefühl behaglicher Weite. Da der Mensch aber von einem unstillbaren Vorsorgetrieb beseelt ist, zudem die Neigung hat, durch Ankauf größerer Mengen von Sonderangeboten zu sparen, und außerdem beim Einräumen der Waren nicht immer ganz methodisch vorgeht, herrscht bald ein qualvolles Gedränge im kühlen Inneren. Das macht es einem schwer, den Überblick zu behalten. Da kann es schon geschehen, daß man bei einem Generalaufräumen einen versteinerten Käse, einen vertrockneten Soßenrest oder einen geschrumpften Wurstzipfel findet. Von peinlicheren Funden, wie einem angefaulten Salatkopf oder einem leicht angeschimmelten Rest Dosenmilch, woller wir lieber ganz schweigen.

Aber der Fortschritt, von dem Kellertreppenregal ausgehend, macht auch beim Kühlschrank nicht halt: Eines Tages kommt die Tiefkühltruhe ins Haus und ist nun imstande, jenen Vorratskeller zu ersetzen, in dem bei der Großmutter Marmeladentöpfe, Schnippelbohnen, eingelegte Gurken, Himbeersaftflaschen und Mettwürste eine beruhigende Reserve für gute und schlechte Zeiten bildeten. Nun muß zwar leider zugegeben werden, daß durchaus nicht jede Kühltruhenbesitzerin selbst kocht und bäckt und putzt und schält und schnippelt, damit sie über den Winter kommt – viele Truhen bergen lediglich das, was im Supermarkt fertig eingekauft wurde (vor allem Speiseeis, Spinat, Pizza, Hühnchen und Steaks) –, aber sie alle könnten doch, wenn sie nur wollten, Gulasch für drei Mahlzeiten kochen, Apfeltorten immer auf Vorrat backen, die sommerliche Obstschwemme konservieren und hausgebackenes Brot immer parat haben, was auch sicher die wesentlichsten Argumente für die nicht ganz billige

Anschaffung waren. Wie großartig fühlt man sich doch, wenn man für unvorhergesehenen Besuch das selbstfabrizierte Rehragout nur aufzuwärmen braucht und mit dem Rotkohl eigener Herstellung auf den Tisch bringen kann! Am längsten halten sich in der Truhe die Sachen, die am wenigsten gern gegessen werden. Sie befinden sich meist ganz unten oder werden immer wieder beiseite geräumt. Eine gekaufte Ochsenschwanzsuppe, die nicht die Billigung der Familie fand, blieb zwei Jahre lang eingefroren, ehe sie der Hund bekam.

Jedoch nichts auf der Welt ist vollkommen, und so ist auch in jede Tiefkühltruhe die Möglichkeit zu einer wahrhaft entsetzlichen Katastrophe eingebaut: Sollte ihr einmal für längere Zeit die Puste in Gestalt des elektrischen Stromes ausgehen, so kann man sich nur dringend wünschen, nicht schuld daran zu sein – etwa durch Fahrlässigkeit. Nicht nur, daß alles angesammelte Gut im schlimmsten Fall bloß noch für den Abfalleimer taugt, daß Fleisch, Fisch, Obst, Gemüse, Suppen und Speiseeis zu einer widerlichen Masse zusammentauen, es entwickelt sich ein so ungeheurer untilgbarer Gestank, daß man unter Umständen die ganze Tiefkühltruhe zum Sperrmüll geben muß. Es gab da beispielsweise einmal einen Rehrücken und eine herausgesprungene Sicherung und einen dreiwöchigen Sommerurlaub. So etwas konnte bei Großmutter nicht passieren. Da gab's höchstens ein wenig Schimmel auf dem Eingemachten.

Da nimmst du garantiert ab!

Ach, wo sind sie hin, die Zeiten, als ich täglich einen viertel Liter Sahne zu trinken bekam und einen Sonderbeifall dafür, wenn ich einen zweiten „Teller voll" zu essen begehrte, als ich ganz stolz aus den Ferien berichten konnte, daß ich zwei Pfund zugenommen hätte, und als ich Tränen vergoß, weil mich ein angebeteter Jüngling eine „halbe Portion" genannt hatte?!

Aber das Sprichwort, das da aussagt „Was man sich in der Jugend wünscht, hat man im Alter die Fülle!", hat ja so recht, vorausgesetzt, daß man zwar den Begriff „Fülle" wortwörtlich nimmt, während man „Alter" eher weit auslegen muß. Jedoch im scharfen Gegensatz zu unseren Großmüttern, die es durch die Bank noch ergeben hinnahmen, daß sie so nach und nach aus der Fasson gerieten, kämpfen wir einen lebenslangen Kampf, der wie ein historischer Krieg seine Siege und Niederlagen, Waffenstillstände, ruhigen Winterlager und Frühjahrsoffensiven hat.

Nun wäre es ja zweifellos das einfachste und auch gesündeste, ein Idealgewicht zu errechnen, zu erreichen und für den Rest des Lebens zu halten. Alle Ärzte raten dies, und wenn sie dabei nicht selbst so oft in der Fülle ihres eigenen Übergewichtes prangten, würde man sicher die Schwierigkeit der Durchführung unterschätzen. Denn diese erweist sich nahezu als unmöglich, wie wir alle wissen, die wir nicht von der Natur als eine Art Audrey Hepburn oder James Stewart angelegt sind. Also verursachen ein Urlaub, eine Woche mit viel Geselligkeit, ein paar einsame und traurige Heimabende oder einfach nur die Tatsache, daß man es herzlich leid ist, immer und ewig an das Traumgewicht zu denken, eine betrübliche Entfernung vom Ideal. Es heißt also, wieder in den Kampf zu ziehen.

Irgendwo schlummert aber in jedem von uns der Glaube, daß sich die Sache noch auf eine uns bisher verborgene Art einfacher, schneller und leichter gestalten ließe, weswegen wir immerzu nach neuen Möglichkeiten Ausschau halten. Und immer begegnen wir auch Leuten, die eine geradezu sagenhafte Art kennen, spielend unendlich viel abzunehmen. Die einen schwören auf Eier und Kaffee – drei Tage lang ausschließlich. Die anderen essen nichts als Kartoffeln und wieder Kartoffeln, und „ . . . es macht einem überhaupt nichts aus". Wieder andere erstehen in der Apotheke oder Drogerie etwas, was im besten Falle nach gar nichts schmeckt, und leben davon. Es gibt auch genaue Rezepte mit Mahlzeiten für acht oder zehn Tage, wo dann die ganze Familie neiderfüllt auf die Steaks schaut, während man selbst ein Königreich für eine dicke frische Brotschnitte mit Marmelade gäbe, und es gibt die Möglichkeit, Gemüse- und Obstsäfte nicht zu den Mahlzeiten, sondern statt der Mahlzeiten zu sich zu nehmen. Und alles dies wird einem mit einer solchen Begeisterung vorgetragen, daß man nach kurzer Zeit glaubt, hier läge jeweils die elegante Lösung des Problems der Fülle.

Meist geht man übrigens das Problem mit einer Art Abschiedsessen an, nachdem zuerst der Termin festgelegt werden mußte (keine Gäste, kein Geburtstag, kein

Fest in der Nähe, kein Logierbesuch, der sogar am Nachmittag gemütlich Kaffee trinken will, und kein Essen auswärts mit Respektspersonen, die doppelt so dick sind, wie man selbst). Dann kommen größere Einkäufe von Kleie, Säften, Diätfutter, Fertig-Futter oder auch nur Kartoffeln und Eiern. Dieser und der nächste Tag sind übrigens meist die Zeit, wo man in einer Art euphorischem Zustand alle Leute von der bevorstehenden neuen Kur und ihren unbestreitbaren Vorteilen unterrichtet.

Aber irgendwann – leider meist kurz vor dem Erreichen des Idealgewichts – wirft einen etwas aus der Bahn. Und wenn man es genau bedenkt, war die Geschichte mit den Kartoffeln oder den Säften doch nicht das Gelbe vom Ei. Man wird einen neuen Termin festsetzen und das nächste Mal die Brötchenkur, die ja fabelhaft sein soll, ausprobieren.

Ein bißchen peinlich ist es nur, wenn man beim Brötcheneinkauf – altbackene müssen es sein – jemanden trifft, der sich auf unser begeistertes Anraten hin gerade zu unserer vorletzten Kur entschlossen hat.

Echt beschissen!

Vor etlichen Jahren erlebte ich im Weihnachtsmärchen eine eindrucksvolle Begebenheit: Hänsel und Gretel waren am Happy-End angelangt, die Hexe ihrer Bestrafung zugeführt, erlöste Kinder standen glücklich herum, und irgendwie, um beim obligaten weihnachtlichen Schlußgesang nicht zu fehlen, waren auch die gar nicht so guten Eltern aus dem Walde – natürlich von Grund auf gebessert – aufgetaucht; und da brach unter grünen und roten Blitzen und Theaterdonner die Tatwaffe, nämlich das Pfefferkuchenhäuschen, wirkungsvoll in sich zusammen. In dem Moment, wo auf der Bühne alle stumm und erschüttert um die Trümmer herumstanden, tönte irgendwo von oben aus den Rängen eine klare Kinderstimme in unverkennbarem Dialekt: „Scheiße! Nu is dat schöne Hexenhüschen am Arsch!" Dies war höchst eindrucksvoll und fand nicht enden wollenden Beifall, der sich vor allem durch das besonders im Weihnachtsmärchen höchst seltene Vokabular, das aber die Tiefe des Erlebten klarmachte, erklärte. Dafür gibt es übrigens ein sehr bekanntes klassisches Beispiel: den vor allem durch seinen berühmten – in vielen Goetheausgaben jahrzehntelang durch Pünktchen ersetzten – Ausspruch bekannten Götz von Berlichingen. Wenn er der kaiserlichen Majestät ausrichten läßt, was sie ihn mal kann, so war dies geradezu ungeheuerlich und einzigartig, gerade, weil sich klassische Helden bei gleichen Empfindungen sonst nicht auf diese Weise Luft machten.

Andere Leute übrigens auch nicht – zum mindesten nicht stets und ständig. Ich erinnere mich ganz genau, wann ich zum ersten Male im Leben „Scheiße" gesagt habe. Ich war immerhin schon achtzehn Jahre alt, und wenn ich das Wort natürlich auch seit eh und je gekannt hatte, gehörte es doch nicht zum alltäglichen Sprachgebrauch. Als ich es dann benutzte, war es auch wirklich welche, und sogar ganz große, und der verpönte Ausdruck wirkte so sehr befreiend, daß ich noch ein doppeltes „Arsch" hinzufügte.

Diese befreiende Wirkung ist heute leider nicht mehr möglich. Die ausdrucksvollen Wörter sind in eine solche Inflation geraten, daß sie völlig an Wirkung verloren haben. Wo soll eine erlösende Wirkung oder eine großartige Beschimpfung herkommen, wenn selbst Deutschlehrer (allerdings solche, die glauben, sie müßten sich bei ihren Schülern anbiedern) im Unterricht erklären, Steffi oder Oliver hätten im Deutschaufsatz Scheiße gebaut? Wobei, nebenbei bemerkt, das Bild falsch gewählt ist, denn wie soll man das wohl bewerkstelligen? Wenn einfach alles und jedes „beschissen" ist – ob T-Shirt, Film, Politik, Wohnung, Sahnebonbons, Pastor, Lehrer oder Arbeitsplatz – oder, um die kümmerliche Wirkung ein wenig zu steigern, „echt beschissen", dann wird das Wort matt und kraftlos und hat vielleicht schon seine eigentliche Bedeutung verloren. Wie könnte man es sonst sogar dann gebrauchen, wenn es um die Liebe geht. Wenn er in der Disco zu oft oder zu eng mit einer andern tanzt, findet sie das „echt beschissen" von ihm – und dabei hat er sie ja nur ein bißchen „verarschen" wollen.

Wenn ich auch einmal ein schiefes Bild gebrauchen darf, so muß ich leider konstatieren, daß die Scheiße im Vormarsch ist. Wenn sie zunächst von Jugendlichen unter sich ständig benutzt wurde, so ist es inzwischen üblich geworden, sie auch der älteren Generation, die nicht damit groß geworden ist, unbekümmert an den Kopf zu werfen. Manche schlucken das wortlos, manche glauben besonderes Einfühlungsvermögen zu zeigen, indem sie gleichfalls ihren Sprachschatz umstellen, manche gewöhnen sich daran und manche setzen sich zur Wehr. Ich denke da an einen großartigen Auftritt meiner würdigen Mutter, als ein Medizinprofessor bei der Visite zu ihr sagte: „Na, dann heben Sie Ihren Arsch mal hoch!" Vor seinem gesammelten weißgekleideten Gefolge mußte der Professor sich sagen lassen, daß seine Patientin diesen Ton nicht gewohnt sei und auch nicht gewillt sei, sich daran zu gewöhnen. Er war sehr beeindruckt und – was ihn ehrt – nicht beleidigt. Ich selbst habe immerhin erreicht, daß meine Bitte (oder wie meine Kinder sagen: mein „Kommando"), „keine Scheiße bei Tisch", einigermaßen respektiert wird.

Als ich übrigens im Sommer in das total unaufgeräumte Wohnzimmer des Ferienhauses trat und den auf dem Boden liegenden Handtüchern mit dem Ausruf „Scheiße" einen Fußtritt versetzte, waren alle kolossal beeindruckt. Nur weil es so selten vorkommt.

Heilwig von der Mehden

Nehmt die Männer, wie sie sind
Es gibt keine anderen
Band 427, 128 Seiten, 20. Aufl.

Keiner lebt wie Robinson
Von Verwandten, Bekannten
und anderen Leuten
Band 474, 114 Seiten, 10. Aufl.

Vielgeliebte Nervensägen
Von großen und kleinen Kindern
Band 516, 144 Seiten, 13. Aufl.

Ehret die Frauen –
aber übernehmt euch nicht!
Notizen aus dem weiblichen Alltag
Band 539, 144 Seiten, 11. Aufl.

Mit ist doch so, als wär' mir was ...
Vom angenehmen Umgang mit sich selbst
Band 587, 144 Seiten, 10. Aufl.

Vier Wände und ein Gartenzaun
Doch wie's da drin aussieht ...
Band 613, 128 Seiten, 6. Aufl.

Und was tun, wenn nichts zu tun ist?
Von den Freuden und Leiden der Freizeit
Band 658, 128 Seiten, 5. Aufl.

Schön ist es auch anderswo ...
Wir gehen auf die Reise
Band 714, 128 Seiten, 4. Aufl.

in der Herderbücherei

Heilwig von der Mehden

Backfischchens Leiden und Freuden
Wie Großmama erzogen wurde
Band 750, 192 Seiten, 2. Aufl.

Die Fliege an der Wand
Worüber man sich ärgert
Band 774, 144 Seiten, 3. Aufl.

Lauter reizende Leute ...
man merkt es nur nicht immer
Band 851, 128 Seiten, 3. Aufl.

Strichweise heiter
Von netten Leuten, lieben Tieren
und anderen Plagen
Band 930, 352 Seiten

Manchmal langt's aber!
Von den nicht völlig
ungetrübten Freuden der Eltern
Band 937, 128 Seiten, 2. Aufl.

Sah ein Knab' ein Mägdlein stehn
Vergnügliche Streifzüge
durch alte Jugendbücher
Band 1103, 320 Seiten

Der Friede sah ganz anders aus
Junge Menschen 1947
Band 1125, 128 Seiten (erscheint im Juni 1984)

in der Herderbücherei